Félix Lope de Vega

# Santa Teresa
# de Jesús

Barcelona **2024**
**Linkgua-ediciones.com**

## Créditos

Título original: Santa Teresa de Jesús.

© 2024, Red ediciones S.L.

e-mail: info@linkgua.com

Diseño de cubierta: Michel Mallard.i

ISBN tapa dura: 978-84-1126-264-4.
ISBN rústica: 978-84-96428-91-1.
ISBN ebook: 978-84-9897-746-2.

# Sumario

## Brevísima presentación

### La vida

Félix Lope de Vega y Carpio (Madrid, 1562-Madrid, 1635). España.

Nació en una familia modesta, estudió con los jesuitas y no terminó la universidad en Alcalá de Henares, parece que por asuntos amorosos. Tras su ruptura con Elena Osorio (Filis en sus poemas), su gran amor de juventud, Lope escribió libelos contra la familia de ésta. Por ello fue procesado y desterrado en 1588, año en que se casó con Isabel de Urbina (Belisa).

Pasó los dos primeros años en Valencia, y luego en Alba de Tormes, al servicio del duque de Alba. En 1594, tras fallecer su esposa y su hija, fue perdonado y volvió a Madrid. Allí tuvo una relación amorosa con una actriz, Micaela Luján (Camila Lucinda) con la que tuvo mucha descendencia, hecho que no impidió su segundo matrimonio, con Juana Guardo, del que nacieron dos hijos.

Entonces era uno de los autores más populares y aclamados de la Corte. En 1605 entró al servicio del duque de Sessa como secretario, aunque también actuó como intermediario amoroso de éste. La desgracia marcó sus últimos años: Marta de Nevares una de sus últimas amantes quedó ciega en 1625, perdió la razón y murió en 1632. También murió su hijo Lope Félix. La soledad, el sufrimiento, la enfermedad, o los problemas económicos no le impidieron escribir.

### La monja rebelde

Teresa Sánchez de Cepeda y Ahumada nació en una familia de judíos conversos, y desde pequeña fue instruida en la vida de los santos. Estas lecturas y los libros de caballería la indujeron a fugarse del hogar paterno con su hermano. Pretendían recorrer el mundo convirtiendo paganos.

Teresa fue internada en el convento de las agustinas de Santa María de Gracia, pero tuvo que regresar a su casa de Ávila por su mala salud. A los diecinueve años huyó otra vez para entrar en el convento de Encarnación, donde se convirtió a la Orden de las carmelitas descalzas. Desde entonces se dedicó a la reforma de la orden, apoyada por san Juan de la Cruz. Esta obra de Lope de Vega relata los conflictos familiares de Teresa de Jesús, enfrentada a las exigencias de su padre de que se casase, y su pretensión de ser monja.

## Personajes

Astarot, demonio
Don Diego
Don Juan del Valle
Don Juan, hermano de Santa Teresa
Don Ramiro
Doña Juana
El Amor Divino
Floro, criado de don Ramiro
La Justicia
Lebrija, escudero
Leonido, criado de don Diego
Luzbel, demonio
Petrona
San Miguel
Santa Teresa de Jesús
Don Alonso De Cepeda, su padre
Un fraile
Un sacristán
Una abadesa

## Jornada primera

Salen don Diego, don Ramiro, Leonido y Floro, criados.

| | |
|---|---|
| Don Diego | Grandes fiestas se previenen. |
| Don Ramiro | Pienso que serán de ver; muchos forasteros vienen. |
| Don Diego | Fiestas de corte han de ser. |
| Don Ramiro | Tal nombre en Ávila tienen. |

Don Diego      Mira, que nos esmeremos;
costosas galas saquemos,
emparejando este día,
en el talle y bizarría,
con el nombre que tenemos.

Don Ramiro      ¡Buenos caballos tendréis!

Don Diego      En la plaza los veréis;
el que por extremo alabo
es un rucio.

Don Ramiro         ¿Es bueno?

Don Diego            Es cabo.
Cuanto imaginar podéis
de buen talle, paso y brío.

Don Ramiro      Del castaño oscuro fío,
porque en su veloz carrera
honra el Betis, y ribera

de su gran soto sombrío.

Leonido

Hoy, señor, echa y derrueca
el jaez de rosa seca
y el bayo de frente blanca
que te dio en Salamanca
don Alonso de Fonseca.

Don Diego

¡Es un bravo caballero!

Don Ramiro

¿Es Fonseca? Sí será.

Don Diego

Con vuestra licencia, quiero
ver el bayo.

Don Ramiro

Bueno está:
id con Dios.

Don Diego

En casa espero.

(Vanse don Diego y Leonido.)

Don Ramiro

Tenme a punto el alazán
con la encarnada mochila,
el rucio de don Tristán,
y bayo de don Favila,
y castaño de don Juan;
al tordillo jaspeado
pondrás el jaez dorado.

Floro

¿El amarillo?

Don Ramiro

El primero;
que hasta en el caballo, quiero

                              mostrarme desesperado.

Floro                         ¿En el tordillo la entrada,
                              y con jaez amarillo?

Don Ramiro                    El alma desesperada,
                              quiero que diga el tordillo
                              mi pretensión malograda.
                                Y no es de maravillar
                              que un tordillo sepa hablar,
                              teniendo tan gran talento,
                              por ser tal mi pensamiento
                              que no le deja callar.

(Salen Teresa y Lebrija, viejo.)

Floro                         Doña Teresa de Ahumada
                              es ésta.

Don Ramiro                         ¡Cómo!

Floro                                   ¿Estás ciego?

Don Ramiro                    Floro, el alma descuidada
                              cegó, mirando su fuego,
                              con la primer llamarada.

Teresa                        ¿Es tarde?

Lebrija                                 Serán las tres.

Don Ramiro                    Floro, buena ocasión es:
                              toma este papel apriesa,
                              dásele a doña Teresa;

                          no esperes más.

Floro                                Vete, pues.

Don Ramiro           Dirásle que se le envía
                     mi hermana.

Floro                                Déjame ahora.

(Vase don Ramiro, salen don Diego y Leonido.)

Don Diego            Buena invención, como mía!

Floro                El papel de mi señora...

Teresa               ¿De quién?

Floro                                De doña María.

Leonido              Cuando ya llegue a la plaza
                     se le daré.

Don Diego                        ¡Buena traza!

Leonido              Muestra el papel.

Don Diego                                Tómale.

Teresa               En la plaza le veré.

(Vase Leonido y dale Floro el papel.)

Don Diego            ¡Qué desdicha me amenaza!
                     ¡Mirad de quién me confío!

Guardóle, no hay que esperar:
¡ay, papel! ¡Ay, hado mío!
A Leonido iré a buscar
para que no le dé el mío.

(Vase don Diego; salen Leonido y don Ramiro.)

Don Ramiro            Si dio el papel... ¡Ay amor!

Leonido               No tendré ocasión mejor:
                      mi señora doña Juana,
                      que es vuestra prima, y hermana
                      de don Diego, mi señor,
                          os envía este papel;
                      y advertid...

Teresa                         ¿Qué he de advertir?

Leonido               Que respondáis hoy a él.

Teresa                Ansí le podéis decir...

Don Ramiro            Qué, ¿le recibes, cruel?

Leonido                  Leedle.

Teresa                         No hay tiempo, aquí.

(Vase Leonido.)

Don Ramiro            ¿Guardóle en la manga? Sí.
                      ¿Quién vio jamás tal querella?
                      ¡Que tome el veneno ella
                      y haga operación en mí!

(Sale don Diego.)

Don Diego      Romperé en esta ocasión
las aldabas del recato.

Don Ramiro      Donde hay celos, no hay razón.

Don Diego      Publicaré su mal trato.

Don Ramiro      Pregonaré mi pasión.

Don Diego      Ya se acabó la paciencia.

Don Ramiro      Ya me falta resistencia.

Don Diego      Ya he visto el rostro a la muerte.

Don Ramiro      No he visto, cosa más fuerte.

Teresa      Ni yo más impertinencia.
Don Ramiro, ¿qué intentáis?
Don Diego, ¿qué me queréis?
¡Cómo! ¿En qué locura dais?
Qué, ¿el respeto, me perdéis
y descompuestos me habláis?

Don Ramiro      ¿Quién tal novedad pensara?

Don Diego      ¿Quién, señora, imaginara
que ese pecho me ofendiera?

Teresa      Y, ¿quién de los dos creyera
que el juicio les faltara?

| | |
|---|---|
| Don Ramiro | ¿También se queja don Diego? |
| Don Diego | ¿Quejoso está don Ramiro?<br>¡Yo estoy loco! |
| Don Ramiro | ¡Yo estoy ciego! |
| Don Diego | ¡Con justa causa me admiro! |
| Don Ramiro | De nuevo pierdo el sosiego:<br>bien pronto, la vuelta disteis. |
| Don Diego | Decidme, a fe, ¿a qué vinisteis? |
| Don Ramiro | ¡Qué linda pregunta es ésta!<br>¿Venís a pedir respuesta<br>del papel que me encubristeis? |
| Don Diego | ¿Yo? ¿Qué papel? |
| Don Ramiro | ¡Bien, por Dios!<br>Ya el vuestro está recibido,<br>y sé que sois dueño vos<br>del premio que he pretendido. |
| Teresa | ¿Qué esto que escucho a los dos? |
| Don Diego | ¿Qué me decís? |
| Don Ramiro | Que lo vi. |
| Don Diego | ¿Qué visteis? |

| | |
|---|---|
| Don Ramiro | ¡Pesar de mí!<br>¿No me basta ya mi afrenta,<br>sino querer que os dé cuenta<br>dónde y cómo la sufrí? |
| Don Diego | Sois mancha de mi opinión,<br>y contra mí estáis ahitado. |
| Don Ramiro | Ya esto pasa de ocasión. |
| Don Diego | Pues espada tengo al lado. |
| Don Ramiro | Yo tengo espada y razón. |

(Sale don Alonso, padre de Teresa.)

| | |
|---|---|
| Don Alonso | Pues don Ramiro, don Diego,<br>no me perdáis el respeto. |
| Don Ramiro | ¡Duro trance! |
| Don Diego | ¡Bravo aprieto! |
| Don Alonso | Por mí se aplaque este fuego:<br>Lebrija, escuchad. |
| Lebrija | Señor. |
| Don Alonso | ¿Por qué fue la enemistad?<br>¿De qué nació este furor? |
| Lebrija | Temo contar la verdad. |
| Don Alonso | En peligro está mi honor. |

| | |
|---|---|
| Lebrija | Yo pienso que se encontraron, <br> porque los dos enviaron <br> cada uno su papel <br> a mi señora. |
| Don Alonso | ¡Oh, cruel, <br> que en ti mi sangre afrentaron! |
| Lebrija | Vio don Ramiro el recado <br> de don Diego, y vio don Diego <br> de don Ramiro el criado, <br> y encendió la envidia el fuego <br> del humo que te ha inflamado. <br> Y al fin... |
| Don Alonso | No me digas más. |
| Lebrija | Saber el caso podrás, <br> de dos papeles que esconde <br> en su propia manga. |
| Don Alonso | ¿Adónde? |
| Lebrija | Sin duda los hallarás. |
| Don Alonso | Quiero averiguar el caso. |
| Don Diego | Desengañarme pretendo. |
| Don Ramiro | En vivos celos me abraso. |
| Don Alonso | Deja la manga. |

| | |
|---|---|
| Teresa | Ya entiendo. |
| Don Alonso | Muestra el papel, y habla paso. |
| Don Ramiro | En su mano está el papel. |
| Don Diego | Ya salió el testigo fiel<br>que me absuelve y me condena. |
| Don Alonso | Ya en el potro de mi pena<br>comienza el trato, cruel;<br>   la manga, a quien he pedido<br>el mal que se me ordenaba,<br>almendra preñada ha sido,<br>pues solo un papel buscaba,<br>y tres en uno han salido.<br>   Ya mi daño, deseo ver.<br>Papel, ya temo leer;<br>mas quiérome abalanzar;<br>que la purga y el pesar<br>de una vez se han de beber. |
| Papel: | «Con vuestro padre hablé,<br>y por esposa os pedí;<br>pienso que buen fin tendré<br>si vos aceptáis de mí<br>los principios de mi fe.<br>Don Ramiro.» |
| Don Alonso | Yo ando bueno,<br>de, mí propio me enajeno;<br>testigo el papel me diera,<br>si el casamiento no fuera<br>triaca de su veneno. |

**18**

| | |
|---|---|
| Don Ramiro | Todo, en fin, tengo de ver. |
| Don Alonso | Veré lo que dice el otro, |
| | que hasta acabar de leer |
| | está mi honor en el potro, |
| | y quédame qué temer. |
| Papel: | «La toca, prima querida, |
| | como tuya, al fin, lucida, |
| | bordada a trechos de oro, |
| | en roja sangre de un toro |
| | te la volveré teñida. |
| | Don Diego.» |
| Teresa | ¿Qué habrá leído? |
| Don Alonso | ¡Ah, pobre sangre de Abel, |
| | dos Caínes te han seguido! |
| | Temo de esotro papel |
| | que sea de otro marido. |
| | Pero letra es de mujer, |
| | y mi remedio ha de ser: |
| | Llegaos, don Ramiro, a mí. |
| | ¿Conocéis la letra? |
| Don Ramiro | Sí, |
| | ya no hay duda que temer; |
| | mi letra y mi firma son. |
| Don Alonso | Pues de una su prima es éste, |
| | monja de la Encarnación. |
| Don Ramiro | La vida es bien que me cueste, |
| | pues me cegó la pasión. |

| | |
|---|---|
| Don Alonso | Dejadme hablar a don Diego, |
| | y apáguese ahora el fuego |
| | que pudo abrasar mi honor. |
| | |
| Don Ramiro | Id, y perdonad, señor; |
| | que estuve de enojo ciego. |
| | |
| Don Alonso | Sobrino, este papel ved. |
| | |
| Don Diego | Señor, esta firma es mía. |
| | |
| Don Alonso | Este, agora, conoced. |
| | |
| Don Diego | ¿Cúyo? |
| | |
| Don Alonso | De doña María, |
| | de vuestra prima; leed. |
| | |
| Don Diego | Sosegado está mi pecho; |
| | salí de temido estrecho. |
| | |
| Don Alonso | Quisiéraos satisfacer. |
| | |
| Don Diego | Para mí no es menester. |
| | |
| Don Ramiro | Pues yo ya estoy satisfecho. |
| | |
| Don Alonso | Daos las manos. |
| | |
| Don Diego | Soy su amigo; |
| | digo que os tendré amistad. |
| | |
| Don Ramiro | Lo mismo que decís digo. |

| | |
|---|---|
| Don Alonso | Y yo de vuestra bondad<br>pongo al cielo por testigo,<br>    con experiencia de viejo;<br>porque os miréis en mi espejo,<br>vuestro enojo he reparado,<br>y pues ya pasó el nublado,<br>saldrá el Sol de mi consejo.<br>    Procederé como sabio<br>en esta fuerte ocasión. |
| Don Diego | Yo callo. |
| Don Ramiro | Yo muerdo el labio. |
| Don Alonso | Aunque llegue al corazón<br>la verdad de aqueste agravio,<br>    el que a mi hija escribió,<br>y el que a mí me la pidió... |
| Don Diego | Por mí dice. |
| Don Ramiro | Yo, soy ése. |
| Don Alonso | Razón será que le pese<br>del enojo que me dio.<br>    Yo sé que no le conviene<br>preciarse de espadachín. |
| Don Diego | Dice bien. |
| Don Ramiro | Esto a mí viene. |
| Don Alonso | Que tarde tendrá buen fin<br>quien malos principios tiene. |

**21**

Por cierto, bien procediera
quien matara y quien hiriera,
pues cuando más me obligara,
el honor me salpicara
con la sangre que vertiera.
  No quiero correspondencias
fundadas en trato doble,
con fingidas apariencias;
que por una mujer noble
no se han de reñir pendencias.
  El que me hubiere entendido,
perdone lo que ha sufrido;
que en el enojo pasado,
como suegro le he mirado,
y como padre reñido.
  Venid vos.

Teresa                          ¿Quién te enojó?

Don Alonso           Vuestro, pleito, se verá;
                     que el proceso llevo yo.

(Vanse don Alonso, Teresa y Lebrija.)

Don Diego            Su yerno me llamó ya.

Don Ramiro           Como a yerno me trató.

Don Diego              Dejárame don Ramiro.

Don Ramiro           De mi ventura me admiro.

Don Diego            En extremo soy dichoso.

| | |
|---|---|
| Don Ramiro | Ya puedo llamarme esposo<br>de aquella por quien suspiro. |

(Sale Leonido.)

| | |
|---|---|
| Leonido | Ya, señor, queda el tordillo<br>relinchando, en el zaguán<br>con el jaez amarillo. |
| Don Diego | Pon luego en el alazán<br>el verde de cañutillo. |
| Leonido | ¿Pasóse ya la mohína? |
| Don Diego | El jaez verde, camina,<br>las guarniciones bordadas,<br>las estriberas doradas<br>y el bozal de plata fina. |
| Don Ramiro | Galán salís. |
| Don Diego | Bien querría;<br>ni ve mi bien ni su mal;<br>que en este dichoso día<br>las campanas del bozal<br>repican a mi alegría. |
| Don Ramiro | Mejor fuera que tocaran<br>las que en su muerte doblaran,<br>y, sin duda, fuera cierto<br>que no escapara de muerto<br>si mi dicha le contaran. |
| Don Diego | ¿Trujiste cañas? |

| | |
|---|---|
| Leonido | Y lanza. |
| Don Ramiro | Don Diego, no nos tardemos. |
| Leonido | No hay amantes sin extremos, ni veleta sin mudanza. |

(Vanse todos; sale don Alonso y Lebrija.)

Don Alonso

La cena esté prevenida
como ya tengo tratado:
en los servicios, cuidado,
y presteza en la bebida.

Lebrija

La nieve de mí confía,
que este es el mayor regalo.

Don Alonso

No hay banquete que sea malo
si está la bebida fría;
   con mucho cuidado estoy,
que tiene don Juan, mi hijo,
cuadrilla en su regocijo,
y cena en su nombre doy;
   que siempre en esta ciudad
usamos los cuadrilleros
dar cena a los caballeros
de nuestra parcialidad.

Lebrija

¿Tengo de ir por mi señora?

Don Alonso

Con mi hermana se vendrá,
que en sus ventanas está.

| | |
|---|---|
| Lebrija | Dígolo porque ya es hora. |
| Don Alonso | La postrera había de ser<br>de su vida y de la mía. |
| Lebrija | Ninguna culpa tenía;<br>yo sé... |
| Don Alonso | No hay qué saber. |
| Lebrija | Notable fue tu cordura<br>con los dos competidores. |
| Don Alonso | Siempre en las cosas de amores<br>tomo la judicatura;<br>pero mi cuerda experiencia<br>de tal suerte me ha guiado,<br>que la he visto, y ha llegado<br>en mi favor la sentencia. |
| Lebrija | Con tu discreción, señor,<br>un reino puedes honrar. |
| Don Alonso | Quien tiene hijas que casar,<br>de vidrio tiene el honor.<br>El verdugo tiene al lado,<br>sin alas se atreve al viento,<br>y navega en mar violento,<br>dentro en bajel barrenado;<br>habita en minada torre,<br>entre espinas se recrea,<br>sobre pantanos pasea,<br>y en potro sin freno corre;<br>del aire vano se espanta, |

en balde su furia toca,
el agua tiene a la boca
y el cuchillo a la garganta:
　　esto y más puede temer
el hombre de más valor
que tiene puesto el honor
al aire de una mujer:
　　yo, pues, que tengo dos hijas,
dos hijas mozas sin madre,
yo, que soy noble y soy padre,
mira...

Lebrija
　　　　　　Señor, no te aflijas,
que mi señora...

Don Alonso
　　　　　　　　　Es razón,
que es de amor la llamarada,
y aunque sangre de Ahumada,
quizá lo está mi opinión.

(Sale doña Juana.)

Doña Juana
　　　　Ya se hace tarde.

Lebrija
　　　　　　　　　　Aquí viene.

Don Alonso
Plática se mude ahora.

Doña Juana
Señor, mira que ya es hora
y que abreviar te conviene.

Don Alonso
　　Doña Juana, hija, querida,
¿qué dices?

**26**

| | |
|---|---|
| Doña Juana | Padre y señor, que me debes mucho amor. |
| Don Alonso | Eres alma de mi vida. Que estarás quejosa arguyo, porque a las fiestas no fuiste. |
| Doña Juana | Tu gusto, señor, hiciste, y el mío es hacer el tuyo, que no tengo otro contento. Sino el que te doy a ti. |
| Don Alonso | Bien lisonjas. |
| Doña Juana | Es ansí. |
| Don Alonso | Calla. |
| Doña Juana | Verdades te cuento; bien puedes creerme. |
| Don Alonso | Baste, que razón tuvieras, Juana, pues fue a los toros tu hermana, y tú en casa te quedaste, que aunque eres menor de edad, mayor caudal en ti hallé, pues hoy, Juana, te fié mi casa. |
| Doña Juana | Dices verdad. |
| Don Alonso | Haya en todo. buena cuenta. |

Doña Juana        Cree, señor, que te he servido;
                  todo está ya prevenido;
                  yo te sacaré de afrenta;
                      sarao tendrás esta noche.

Don Alonso        Y llegará a la mañana.

Doña Juana        ¿No, es hora de ir por mi hermana,
                  Lebrija?

Lebrija                          Vendrá en un coche.

Don Alonso            Estén hachas prevenidas
                  por lo que acaso se ofrezca.

Lebrija           Luego, al punto que anochezca,
                  señor, las tendré encendidas.

Don Alonso             ¿Hay truchas?

Doña Juana                          Sí, las que bastan.

Don Alonso        El mejor plato será.

Doña Juana        ¡Petrona!

Lebrija                          En la sala está.

Doña Juana        ¡Petrona!

(Sale Petrona con plumas.)

Petrona                          El nombre me gastan,
                  ¿qué mandas a esta cuitada?

| | |
|---|---|
| Don Alonso | ¿Qué es lo. que tienes, Petrona? |
| Petrona | Habíalo con la mona, que es una desvergonzada. |
| Don Alonso | Pues dime, ¿qué ha sido el caso? |
| Petrona | Estoy por desesperarme, señor; ha dado en cocarme todas las veces que paso. |
| Don Alonso | Pues esto, ¿qué importa? |
| Petrona | ¡Bien! Yo la coco porque es loca, y pues ella a mí me coca, loca me llama también; ya basta lo que he sufrido; no más cocos con martica. |
| Don Alonso | Mirad, pues, que quien se pica, dicen que ajos ha comido. Y aquí, para entre los dos, yo digo, amiga Petrona, que te ha cocado por mona. |
| Petrona | ¡Malos años para vos! |
| Lebrija | Y aún es peor, que por vieja te ha cocado. |
| Petrona | ¡El cimenterio! |

| | |
|---|---|
| Lebrija | Este es, Petrona, el misterio. |
| Petrona | Por eso es mayor mi queja;<br>   cóqueme por perezosa,<br>por floja, por descuidada,<br>por fea, por afeitada,<br>por liviana, por golosa;<br>   cóqueme por el dormir,<br>por lo tinto, por lo aloque,<br>y por vieja no me coque,<br>porque no lo he de sufrir. |
| Lebrija | Y si lo eres. |
| Petrona | ¡Majadero! |
| Lebrija | ¡Paco! |
| Petrona | ¿Vieja me llamó?<br>¿Parece él mejor que yo,<br>cara de mocos de herrero? |
| Lebrija | Quedaos con ella, Lebrija,<br>cocadla más. |
| Petrona | ¡Rabio en parte! |
| Doña Juana | La mesa quiero enseñarte,<br>vamos, señor. |
| Don Alonso | Vamos, hija, |

(Vanse don Alonso y doña Juana.)

| | |
|---|---|
| Lebrija | ¿Son plumas? |
| Petrona | Sí, plumas son<br>de las aves que he pelado. |
| Lebrija | Buena invención has sacado. |
| Petrona | ¿Yo, Lebrija? ¿Qué invención? |
| Lebrija | Mujer vieja y emplumada...<br>Pregúntalo a la cartilla. |
| Petrona | Miente el caduco, potrilla. |
| Lebrija | Poco a poco, deslenguada. |
| Petrona | ¿Pensáis que os he de sufrir?<br>Antes yo de rabia muera:<br>no me llames cobertera,<br>que aún de olla puedo servir. |
| Lebrija | Ya es ése mucho desgarro... |
| Petrona | Vos tenéis muy gentil cholla. |
| Lebrija | Ya no pasaréis por olla. |
| Petrona | Vos podéis pasar por jarro. |
| Lebrija | Calla, loca. |
| Petrona | Soy honrada,<br>y de algún bueno sobrina. |

| | |
|---|---|
| Lebrija | Sí, que allá por la cocina<br>te puedes llamar ahumada. |
| Petrona | Agradecedlo a quien viene,<br>que a fe que yo os respondiera. |
| Lebrija | Dios me libre de esta fiera<br>por lo que de sierpe tiene. |

(Salen don Alonso, Teresa, doña Juana y pajes con hachas.)

| | |
|---|---|
| Don Alonso | Las hachas aquí dejad,<br>y al patio, pajes, volved;<br>vos las mesas componed,<br>y vos en su guarda estad.<br>Luego lo que importa ordena. |
| Doña Juana | Al corredor quiero ir;<br>que he de estar a recibir<br>los que vienen a la cena. |
| Don Alonso | El trabajo se reparta. |
| Lebrija | Vamos de aquí, fregatriz,<br>que eres por lo flaco miz,<br>y por lo cocale, marta. |
| Petrona | Vamos, señor Gandalin,<br>que es hambriento por lo hidalgo,<br>y ligero por lo galgo,<br>y burdo por lo mastín. |

(Vanse Lebrija y Petrona.)

| Don Alonso | Contigo solo he quedado, |
|---|---|
| | de razón y furia lleno, |
| | porque pruebes el veneno |
| | que tu liviandad me ha dado. |
| |   Y fue llevarte a la fiesta, |
| | porque quise, como sabio, |
| | disimular el agravio |
| | que tanta pena me cuesta. |
| |   ¡Dos papeles en un día! |
| | ¡Por cierto, honrada mujer! |
| | |
| Teresa | No te acabo de entender. |
| | ¿Qué dices? |
| | |
| Don Alonso |             Bien, a fe mía. |
| | |
| Teresa |     ¿No traes los papeles? |
| | |
| Don Alonso |                  Sí. |
| | |
| Teresa | De mi prima son los dos. |
| | |
| Don Alonso | Y éste, ¿qué es? |
| | |
| Teresa |          ¡Válgame Dios! |
| | Algún engaño hay aquí. |
| | |
| Don Alonso |   ¡Ah, falsa! |
| | |
| Teresa |        ¿No me dirás |
| | en qué? |
| | |
| Don Alonso |      Mira estos papeles, |
| | que son testigos fieles |

de que engañándome estás;
este firma don Ramiro,
de su engaño y amor ciego,
y éste, tu primo don Diego.

Teresa

¡Mi primo! ¿Qué es lo que miro?
Y ¿son éstos, di, señor,
los que en mi poder hallaste?

Don Alonso

Y el corte que levantaste
contra el filo de mi honor.

Teresa

¡Jesús me valga! ¿Qué haré?
Señor, engañada fui.

Don Alonso

¿Qué disculpa tienes, di,
en tu manga los hallé?

Teresa

Engaño ha sido.

Don Alonso

Y bien grande;
pues hoy, falsa, mi honor menguas,
que la mujer que anda en lenguas,
no es bien que en papeles ande.
Que aunque haya de ser marido,
después de haberse casado
sentirá, si fuese honrado,
que los hayas recibido.

Teresa

No juzgues en mi deshonra.

Don Alonso

Escrita mira, y firmada,
la cruel sentencia dada
contra el cuello de mi honra.

Estas las probanzas son
falsas, cruel Falerina;
que nunca en rostro de harina
sufre afeites la opinión.

Teresa

Por de mis primas me dieron
dos papeles.

Don Alonso

¡Ay, tirana!

Teresa

Y otro por de doña Juana;
con este engaño vinieron:
  no culpes mi buen decoro;
que este acíbar escondido,
píldora de engaño ha sido,
cubierta con hojas de oro.

Don Alonso

De muerte dirás mejor;
que son las de estos papeles
hojas de aceros crueles,
forjadas contra mi honor.

Teresa

No me afrentes.

Don Alonso

¡Pierdo el ser!

Teresa

Sin razón, señor, te enojas.

Don Alonso

Pues siembras en estas hojas,
¿qué fruto quieres coger?

Teresa

Ya digo que por engaño
los billetes recibí;
no me trates, padre, ansí,

que estoy salva.

Don Alonso                    ¡Extraño caso!
          Reconoce este papel:
          la firma y lo escrito mira,
          verás clara tu mentira,
          y mi afrenta escrita en él.
               Teresa, ¿ves tu deshonra?

Teresa          Una toca di a mi primo,
          que como a deudo le estimo,
          que como a deuda me honra.

Don Alonso          Hija, tengas culpa o no,
          la ocasión quiero quitarte;
          digo que quiero casarte,
          para no cansarme yo;
               ya la mano tengo dada;
          don Ramiro es tu marido.

Teresa          Llámole yo mal venido;
          no tengo de ser casada.

Don Alonso          ¿Qué me dices?

Teresa                         Solo digo
          que ser monja es mi deseo.

Don Alonso          ¿Monja, hija? No lo creo.

Teresa          Solo el cielo es buen testigo;
               no hay duda que me poner;
          que nada, señor, me espanta.

| | |
|---|---|
| Don Alonso | Ya te imagino una santa; <br> milagros podrás hacer. |
| Teresa | ¿Burlas? |
| Don Alonso | Por lo que te ensalzas. |
| Teresa | En religión quiero entrar. |
| Don Alonso | Y luego querrás fundar <br> convento de las Descalzas; <br> darás ejemplar doctrina <br> mostrando a tu religión <br> suspiros en la oración <br> y sangre en la disciplina; <br> ya llego a considerarte <br> una vara y más del suelo; <br> ya pienso que se abre el cielo <br> con gusto de enamorarte; <br> andarás toda endiosada, <br> y ayunarás todo el día, <br> pasarás la noche fría <br> en oración transportada. <br> Ya me das indicios ciertos, <br> aunque de mí no creídos, <br> que has de sanar los tullidos <br> y resucitar los muertos; <br> la tierra no ha de comer <br> tu difunto cuerpo helado, <br> y al fin, después de enterrado, <br> viva sangre ha de verter; <br> tus reliquias verdaderas <br> el lugar irá besando. |

| | |
|---|---|
| Teresa | Lo que me dices burlando<br>podrá Dios hacer de veras. |
| Don Alonso | Mira que yo el ser te di. |
| Teresa | No he de hacer el casamiento. |
| Don Alonso | ¿Por qué? |
| Teresa | Por mi buen intento. |
| Don Alonso | Mira que no estás en ti;<br>   de tu provecho te olvidas:<br>que si llegamos a cuentas,<br>pocas monjas hay contentas,<br>y muchas arrepentidas. |

(Sale doña Juana.)

| | |
|---|---|
| Doña Juana | Ya la sala tienen llena,<br>mi señor, tus convidados;<br>mira que vienen cansados,<br>y que se tarda la cena. |
| Don Alonso | Vamos, hija; y vos mirad<br>que está el sí que tengo dado<br>para mañana tratado. |
| Teresa | Aún tengo yo voluntad.<br>   Y cuando casada sea,<br>solo ha de ser con don Diego. |

(Salen don Ramiro y Petrona.)

| Don Ramiro | A tu esfera se va el fuego, |
| | y el alma al fin que desea. |

| Petrona | Contigo, señor, me alegro. |

| Don Ramiro | Toma. |

| Petrona | El provecho está llano; |
| | parece de ámbar la mano |
| | por lo anillo y por lo negro. |

| Don Ramiro | Y mano que ha florecido |
| | con otro, muy bien parece; |
| | buena ocasión se me ofrece. |

| Petrona | ¡Gran ventura se ha tenido! |

(Salen don Diego y Lebrija.)

| Don Diego | Lebrija amigo, tomad, |
| | poné al cuello esta cadena. |

| Lebrija | Lo que durare la cena |
| | tenéis de tiempo, llegad. |

| Don Ramiro | Como esposo llegar quiero. |

| Don Diego | Llegar quiero como esposo. |

| Don Ramiro | Ya llega el punto dichoso, |
| | que gozar mi gloria espero. |

| Teresa | ¿Quién ha entrado en mi aposento? |

| | |
|---|---|
| Don Ramiro | Vuestro esposo. |
| Teresa | ¿Dos esposos? |
| Don Ramiro | ¡Abrid los ojos hermosos! |
| Don Diego | ¡Mirad que sois mi contento!<br>¿Es don Ramiro? |
| Don Ramiro | Es don Diego. |
| Don Diego | Soy dueño de esta ocasión. |
| Don Ramiro | Yo estoy en la posesión. |
| Don Diego | Yo estoy en medio del fuego. |
| Don Ramiro | Yo vengo como marido. |
| Don Diego | Yo vengo como casado. |
| Don Ramiro | Yo solo soy el llamado. |
| Don Diego | Pues yo solo el escogido. |
| Don Ramiro | Yo digo en todo verdad. |
| Don Diego | Yo también la digo en todo. |
| Don Ramiro | Probémoslo de este modo. |
| Teresa | Dése algún medio: escuchad. |
| Don Ramiro | Ya forzoso es remitirse |

**40**

a la espada; esto ha de ser;
que es diamante la mujer,
y pierde mucho en partirse.

Teresa        Tened, si acaso los dos
queréis honrarme.

Don Ramiro                        Yo, sí.

Teresa        ¿Y vos?

Don Diego        Responda por mí
el alma que tengo en vos.

Teresa        Gran peligro mi amor tiene:
volved a considerar;
pero ya no hay que mirar,
que mi padre es el que viene.

(Sale don Alonso.)

Don Alonso        ¿Qué es esto?

Teresa                        Llega, señor;
desvíate, aleve, aparte,
que ordinario, el que departe
lleva la parte peor.

Don Alonso        ¡Caballeros en mi casa!
¡En el cuarto de mis hijas!

Teresa        Tu furia es bien que corrijas.

Don Alonso        ¿Qué ha sido esto? ¿Cómo pasa?

| | |
|---|---|
| Don Ramiro | Yo, señor, guardo mi esposa, y en rabiosos celos ardo. |
| Don Diego | Yo, señor, mi esposa guardo, lleno de furia celosa. |
| Don Alonso | Buen fin mi casa en ti halla ¿Qué dices de lo que digo? Pero no hay tan buen testigo como el reo cuando calla. |
| Teresa | Cuando culpada me hallares, corta el hilo de mis días. |
| Don Alonso | Un marido no querías, mas ya los tienes a pares: y dirás con arrogancia que es honrosa la ocasión, pues que los pares no son más que los doce de Francia. Ya mi honor a entender viene tu falsedad y lisonja; que mal será buena monja quien tantos maridos tiene. |
| Don Ramiro | Nuestra la culpa es, señor. |
| Don Diego | Los dos tenemos la culpa. |
| Don Alonso | Uno y otro la disculpa, pero cúlpala mi honor. |
| Teresa | Quiero abonar mi partido; |

señor, si ciego no estás,
dos celosos hallarás,
y ningún favorecido.

    No te ofenden, padre, a ti,
que me pretenden a mí
si yo no les favorezco.

Don Alonso    Temo que tu honor infamen,
y más en este lugar.

Teresa    Si ellos me quieren amar,
¿puedo hacer que no me amen?
    No tengo yo poderío
contra su amoroso abismo;
que los hombres, aun Dios mismo
les deja el libre albedrío.

Don Alonso    ¿Quién los trajo a tu aposento?

Teresa    No lo he sabido, señor.

Don Alonso    Como fantasmas de amor
se vendrían por el viento.

Don Diego    Yo, que en esperanza estaba,
ver mi esposa pretendía.

Don Ramiro    Yo, que esperanza tenía,
la posesión procuraba.

Don Alonso    Aunque enojado me habéis,
hoy de nuevo me obligáis,
pues de mi sangre os honráis

y ser mis deudos queréis.
   Y si acaso esta hija cara
dividir en dos pudiera,
una a cada uno diera
y de los dos me ilustrara.
   Mas supuesto que ella es una
y que los yernos son dos,
ella elija, y trace Dios
lo que importe a su fortuna.
   Y lo que es de la cuestión
no se trate, aquí se quede,
porque si se sabe puede
manchar mi buena opinión.
   Disimulad; que ya sale
don Juan con los convidados,

Don Ramiro            Logre el amor mis cuidados.

Don Diego             Mi premio a mi pena iguale.

Don Alonso               Diré que al sarao vinisteis;
                      que importa disimular.

(Salen don Juan, y Juan del Valle, y pajes con hachas.)

Valle                 Dése principio al danzar.

Don Juan              Siempre cortesano fuisteis.

Valle                    Hermosa está doña Juana.

Don Alonso            Dése principio al sarao.

Don Juan              Tocad un pie de gibao,

**44**

|              | danzaréle con mi hermana. |
|--------------|----------------------------|

Teresa            Una batalla es mejor.

Don Diego         Si mi tío me dejara,
yo la batalla lanzara
contra mi competidor.

(Danzan Teresa y don Juan.)

Valle             ¡Buen aire!

Don Ramiro                   En extremo danza;
ella se lleva la palma.

Don Diego         Medida me toma al alma.
el compás de esta mudanza.

Valle             Es lo que hay que desear.

Teresa            Cansada quedo, a fe mía.

Don Ramiro        Mirad que ha llegado el día
en que me habéis de juzgar.

Don Diego         Prima, en el punto dichoso,
mirad que estéis bien templada.

Teresa            Caso que yo sea casada.
vos, primo, seréis mi esposo.

Valle             Si gustáis, dance conmigo
mi señora doña Juana.

| Don Juan | Bien puede danzar mi hermana; |
| | que Valle es muy gran mi amigo. |

| Valle | Salid antes que amanezca |
| | para que el alba se afrente |
| | viendo que en nuestro oriente |
| | hay otra que la oscurezca. |

| Doña Juana | ¿Qué es lo que mandáis que dance? |

| Valle | Decid vos. |

| Doña Juana | Un saltarén. |

| Valle | Yo sabré volalle bien, |
| | y plega a Dios que os alcance. |

(Danzan.)

| Teresa | Hermano, disimulando, |
| | conviene a nuestra opinión |
| | que, para cierta ocasión, |
| | me vengáis acompañando. |
| | Vamos, pues. |

(Vanse don Juan y Teresa.)

| Don Ramiro | Doña Teresa |
| | con don Juan, su hermano, fue; |
| | seguillos quisiera, a fe. |

| Don Diego | De no seguillos me pesa. |

| Valle | Como de vos se esperó. |

| | |
|---|---|
| Doña Juana | Por daros gusto salí. |

(Sale don Juan.)

| | |
|---|---|
| Don Juan | Señor, engañado fui. |
| Valle | ¿Quién o cómo te engañó? |
| Don Juan | Mi hermana. |
| Don Alonso | Dime su intento. |
| Don Juan | Con extraña presunción<br>me llevó a la Encarnación<br>y se quedó en el convento.<br>    Dice que antes que se venga,<br>por lo que tú ya has sabido,<br>quiere elegir un marido<br>que a nuestra opinión convenga.<br>    Dice que la veas luego. |
| Don Alonso | Quédese el sarao ahora;<br>que ya el pintor de la aurora<br>derrama esmaltes de fuego.<br>    Perdonad. |
| Don Ramiro | Todos iremos. |
| Don Diego | Mi vida o muerte he de ver. |
| Don Alonso | ¿Qué intento puede tener?<br>Con brevedad lo veremos. |

(Vanse; salen Teresa y la Abadesa de la Encarnación; queda a la puerta un sacristán.)

Teresa

>Aquí en la iglesia estaré
en lo que mi padre viene.

Abadesa

>Sea ansí; buen celo tiene;
guarda la puerta.

Sacristán

>>Sí haré.

Teresa

>>Mi luz, Cristo, habéis de ser,
y en casa de vuestra Madre
os pido, como a mi padre,
consejo en lo que he de hacer,
cómo os pueda más servir.

(Va Leonido a entrar.)

Leonido

>Amigo, luego saldré.

Teresa

>Dios, ¿con cuál marido iré?

Sacristán

>Con Cristo se puede ir.

Teresa

>>Con Cristo una voz me dijo;
el cielo debe de hablar.

Leonido

>¿No entraré?

Sacristán

>>No hay que dudar.

Leonido

>Déjame, no, seas prolijo.

| | |
|---|---|
| Teresa | Esta voz misterio esconde, |
| | pues cuando lo digo yo |
| | que es el cielo quien me habló, |
| | no hay que dudar, me responde. |
| | Aunque su dueño no he visto, |
| | por quien habla, voz es cierta. |
| | |
| Leonido | ¿Por quién guardas esta puerta? |
| | |
| Sacristán | Por esta casa y por Cristo. |
| | |
| Teresa | Por Cristo y por esta casa |
| | dice el que habla: ¡extraño caso! |
| | Sudores de muerte paso. |

(Dale Leonido un rempujón al sacristán.)

| | |
|---|---|
| Sacristán | Esto y más, por Dios se pasa. |
| | |
| Teresa | Por Dios se pasa esto y más; |
| | mi luz esta voz ordena. |
| | ¿Por quién se pasa esta pena? |
| | |
| Sacristán | Por Dios. |
| | |
| Leonido | En blasfemo das. |
| | No jures. |
| | |
| Teresa | Al pensamiento, |
| | ¿quién dará el medio que aguarda? |
| | |
| Leonido | ¿Quién os puso aquí de guarda? |
| | |
| Sacristán | ¿No os he dicho que el convento? |

| | |
|---|---|
| Leonido | Habla paso... |
| Teresa | Qué, ¿hallaré<br>en el convento consuelos? |
| Sacristán | Como Dios está en los cielos. |
| Leonido | No jures, sosiégate. |
| Teresa | ¿Que aquí el medio he de tener,<br>como en el cielo está Dios? |
| Sacristán | Aquí, para entre los dos,<br>esto que digo ha de ser. |
| Teresa | Al alma esta voz conforta;<br>mas con todo, hay que dudar. |
| Sacristán | No tiene que se cansar;<br>que ya he dicho lo que importa. |
| Teresa | ¿Lo que me importa? Es verdad;<br>pero tan confusa estoy,<br>que crédito no me doy. |
| Sacristán | Ya es mucha incredulidad. |
| Teresa | Ved, señor, que estoy dudando:<br>ayudad porque no caya. |
| Sacristán | ¿Yo no he dicho que se vaya<br>con Cristo? ¿Qué está cansando? |

| | |
|---|---|
| Teresa | Cansando dice que estoy,<br>con suave tono y manso;<br>mas yo digo que descanso<br>con lo que cansando voy. |
| Leonido | Hacia aquí nos desviemos<br>y hablemos paso. |
| Sacristán | En buen hora;<br>pero no hay lugar ahora. |
| Leonido | Como que e... |
| Sacristán | Don Alonso...<br>Es que co... |
| Leonido | Disim... |
| Sacristán | Ya la...<br>Salen la... |
| Abadesa | Vuestro padre viene aquí,<br>y vuestros deudos también. |
| Don Alonso | Plegue a Dios que pare en bien. |
| Don Juan | Cierto que lo pienso ansí. |
| Don Alonso | Señora doña María... |
| Abadesa | ¿Por vuestra prenda vendréis? |
| Don Alonso | Vuestra llamarla podréis. |

| | |
|---|---|
| Abadesa | Débolo a su cortesía. |
| Don Alonso | Hija, ¿cómo aquesto ha sido<br>sin mi orden, sin hablar? |
| Teresa | Con Dios quise aconsejar,<br>y a su casa me he venido. |
| Don Alonso | Pues don Ramiro y don Diego,<br>den Juan y yo, que aquí estamos,<br>todos respuesta esperamos<br>de tu gusto y mi sosiego;<br>Dios te inspire, hija querida,<br>con que esta elección se acierte. |
| Don Ramiro | Dame la vida o la muerte. |
| Don Diego | Dame la muerte o la vida. |
| Don Ramiro | Su padre está de mi parte;<br>sin duda seré el nombrado. |
| Don Diego | Pues la palabra me has dado,<br>el alma quiero fiarte. |
| Teresa | Al fin en esta ocasión<br>mi nombramiento es forzoso. |
| Don Alonso | Tuyo ha de ser el esposo,<br>y a tu gusto la elección.<br>Pues ya de mí se fió<br>el nombramiento presente<br>yo nombro a... |

| | |
|---|---|
| Don Ramiro | Detente,<br>que el nombrado he de ser yo...<br>qué importa a mi honor... |
| | mbién<br>el bien<br>amor<br>ida |
| | ..................................... |
| | Pero importa claridad,<br>y ansí, para mi sosiego,<br>a don Ramiro, a don Diego.<br>declaro mi voluntad;<br>y por no dejar celoso<br>a ninguno de los dos,<br>nombro por esposo a Dios,<br>que es el verdadero esposo. |
| Don Ramiro | El alma teme y se abrasa. |
| Don Diego | Ella teme su interés. |
| Teresa | Pues ya Dios mi esposo es,<br>quiero quedarme en su casa. |
| Don Alonso | Escucha. |
| Teresa | No hay qué escuchar. |
| Don Alonso | Advierte... |
| Teresa | No hay qué advertir,<br>que a mi esposo he de seguir,<br>y a mi padre he de dejar. |

| | |
|---|---|
| Petrona | Pues mi justo amor me abona, llévéme consigo allá. |
| Abadesa | Y tú, ¿qué has de hacer acá? |
| Petrona | Seré monja motilona. |

(Vanse Teresa, la Abadesa y Petrona.)

| | |
|---|---|
| Don Alonso | ¡Extraña resolución! |
| Don Juan | Por cierto motivo honrado. |
| Don Diego | De esposo se ha mejorado. |
| Don Alonso | Y yo lo estoy de opinión. |
| Don Ramiro | ¿Qué os parece? |
| Don Diego | No me espanto. |
| Don Ramiro | Alzósenos Dios con ella. |
| Don Alonso | Tenía censo sobre ella; y quísola por el tanto: vamos a la portería. |
| Don Juan | Razón es que la veamos. |
| Don Diego | Vamos todos; venid, vamos. |
| Don Alonso | Llorando voy de alegría |
| Don Ramiro | ¡Grande fe! |

| Don Juan | ¿Tendrá constancia? |
|----------|---------------------|

| Don Alonso | No la pude persuadir. |
|------------|------------------------|

Sacristán

Ojos que la vieron ir,
no la verán más en Francia.

Fin de la primera jornada

## Jornada segunda

(Sale un ángel con una lanza y Teresa de Jesús.)

Ángel
      Si el corazón de Dios habéis herido
con vuestras oraciones amorosas,
recibid estos golpes que os envía,
rásguese vuestro pecho enternecido,
y causen las heridas rigurosas
pena, dolor, contento y alegría.
Y si es ferviente fría,
la punta de este dardo fuego tiene,
fuego de amor, que enciende y nunca abrasa;
no os quemará su brasa,
porque templado con el hierro viene;
sufrid agora, y luego
podréis tocar con el amor a fuego,
que es lo que más le agrada,
veros arder y veros ahumada.

(Vase.)

Teresa
Herid, herid con goldes más continos;
dejadme el pecho, si gustáis, rasgado,
y una ventaja os llevaré en el suelo,
pues a vos, dulce Esposo, os dio Longinos
la lanzada con que os rompió el costado,
y a mí me abrasa un serafín del cielo:
heridme sin recelo,
seré herida cierva, y vos la fuente,
a mi sed suficiente,
que otra agua no apetezca;
la fuente salutífera merezca,
en cuyas aguas vivas dé a mi fragua

el dardo el fuego, y vuestra fuente el agua.

(Vase; sale Mariano de ermitaño, y la Abadesa, y Petrona de motilona.)

Mariano
  Qué, ¿ya está doña Teresa
en ese punto, señora?

Abadesa
Morirá dentro de un hora.

Mariano
Por cierto, mucho me pesa;
 grande sierva de Dios era.

Abadesa
Grandes muestras había dado.

Mariano
¿Al fin la han desahuciado?

Abadesa
Solo su muerte se espera.

Mariano
¿Qué mal tiene?

Abadesa
Un accidente
que me ha puesto en confusión;
él es mal de corazón,
porque ni habla ni siente.

Mariano
¿Qué habrá que este mal le dio?

Abadesa
Tres días debe de haber.

Mariano
¿De qué pudo suceder?

Abadesa
No lo puedo saber yo.
 Solo sé por cosa cierta
que su mal no tiene cura

sino el de la sepultura,
que presto veréis abierta.

Mariano

Sabe Dios lo que me pesa
que falte en esta ocasión,
porque de una Religión
ha de ser madre Teresa.
   La cual crecerá de suerte
por todo el mundo, que asombre,
donde ha de tener por nombre
mujer varonil y fuerte.
   Mil prodigios ha de obrar
la que veis tan humillada,
y siendo virgen hallada,
con sus hijos se ha de honrar.
   Y por soberanos modos
crecerán tanto, que entiendo
que andarán los más pidiendo,
y andarán descalzos todos.

Abadesa

   Y ¿eso lo tenéis creído?

Mariano

Eso será cosa cierta.

Abadesa

Vos la vendréis a ver muerta
antes que aqueso cumplido.

Mariano

   ¿Remedios no se le han hecho
en este mal que ha tenido?

Abadesa

Todos cuantos se han podido;
pero no son de provecho.
   Tres doctores la visitan,
y no hay remedio que cuadre.

| | |
|---|---|
| Petrona | Antes me parece, padre, |
| | que su muerte solicitan. |
| | |
| Mariano | Contra Dios no hay resistir. |
| | |
| Abadesa | Ni contra la muerte hay artes. |
| | |
| Mariano | Dios la eche a aquellas partes |
| | donde más se ha de servir. |
| | |
| Abadesa | ¿Queréisla ver? |
| | |
| Mariano | Sí quería. |
| | |
| Abadesa | Pues vedla subida en calma. |
| | |
| Mariano | Dios se acuerde de su alma; |
| | que es lo que importa este día. |

(Corre una cortina, y está Teresa como que se está muriendo.)

| | |
|---|---|
| Abadesa | Teresa está de esta suerte. |
| | |
| Mariano | Por cierto, gran confusión; |
| | cualquier mal de corazón |
| | es imagen de la muerte. |
| | |
| Abadesa | Buen nombre dado le habéis; |
| | padre, encomendalda a Dios. |
| | |
| Mariano | Eso podéis hacer vos, |
| | pues tanto con Dios podéis. |

| Abadesa | Padre, vos por ella orad, |
| | que yo soy gran pecadora. |
| | Ocasión tenéis ahora; |
| | en ese oratorio entrad. |

| Mariano | A Dios la encomendaré, |
| | y si acaso en sí volviese, |
| | porque al punto se confiese, |
| | cerca, señora, estaré. |

(Vase el ermitaño.)

| Petrona | Dígame, por vida mía, |
| | ¿qué fraile es ése? |

| Abadesa | Es un santo, |
| | que rasga al cielo su manto |
| | el aire que Dios envía. |

| Petrona | Y el Papa, ¿no le persigue? |

| Abadesa | ¿Qué es lo que dices? |

| Petrona | Dirélo, |
| | que pues rasga el manto, al cielo, |
| | es bien que Dios le castigue. |

| Abadesa | No entiendes bien lo que digo. |

| Petrona | ¿Quién mi verdad interrumpe? |
| | Si es que el manto al cielo rompe, |
| | ¿no merece gran castigo? |

| Abadesa | En medio de la oración, |

cuando elevado se ve,
la maestra de su fe
abre a Dios el corazón.

Petrona        ¿Hay tan gran bellaquería?
¡Que a Dios el corazón abre!
Y ¡que no le descalabre
un tiro de artillería!

Abadesa        ¿Tú no ves que es fray Mariano,
y que es un santo, Petrona?

Petrona     Y dígame, ¿es de corona?

Abadesa     Téngate Dios de su mano.

Petrona       El es un mal frailejón.

Abadesa     ¡Calla!

Petrona         ¿Por qué ha de ser santo
quien al cielo rasga el manto
y abre a Dios el corazón?

Abadesa       ¿Quién vio mayor inocencia?
digo que cuando está orando,
que Dios le está regalando
con los rayos de su ausencia.
  Que el decir que rasga el manto
del cielo que le enamora,
y el pecho le abre, si llora,
es decirte que es un santo.

Petrona       Pues conmigo, ¿qué servía

decírmelo con rodeo,
si no es que tiene deseo
que diga alguna herejía?

Abadesa     Petrona, quédate aquí;
ten cuidado con la enferma.

Petrona     Ruegue a Dios que no me duerma,
que bien puede fiar de mí.

(Vase; échase Petrona a los pies de la cama; sale fray Mariano haciendo oración.)

Mariano     ¡Sacro Pastor del cielo,
con el cayado de la cruz hermosa,
guardad esta ovejuela temerosa,
cuya piel erizada,
con vuestra sangre viene señalada!
 Guardadla, Cristo amado,
del fiero lobo que la mira hambriento;
mirad que os ha costado
más interés que vale el firmamento,
cuyas alfombras bellas
tienden a vuestras plantas las estrellas.
 Miradla, Pastor justo,
con ojos de piedad y de concordia;
y pues siempre os da gusto
que os pida el pecador misericordia,
yo, viendo el cuerpo en calma,
en su nombre os la pido por su alma.

(Suena una trompa en lo alto; aparecen la Justicia, San Miguel, con un peso, y en lo bajo, un ángel y un demonio.)

| San Miguel | Es el pleito, Señor, que se litiga<br>entre el Ángel de Guarda y el Demonio,<br>sobre un alma que sale ya del cuerpo<br>de una doña Teresa de Ahumada,<br>monja profesa en la ciudad de Ávila;<br>sobre esto ha sido el pleito, y la discordia. |
|---|---|
| Demonio | Justicia pido. |
| Ángel | Yo misericordia. |
| Mariano | Señor, si con la vida ha de serviros,<br>viva doña Teresa, mi Dios, viva. |
| Justicia | Mucho puede conmigo un hombre justo;<br>pues que no ha muerto, désele otro término;<br>vuelva a su cuerpo otra vez el alma,<br>que está guarda para grandes cosas. |
| Demonio | Justicia sacra, por sentencia tuya<br>está mandado que esta mujer muera;<br>manda que tu justicia se ejecute;<br>no revoques el fallo de tu audiencia. |
| Ángel | Enfrena la soberbia, desbocado. |
| Demonio | En perdiendo la silla, perdí el freno. |
| Ángel | Bien se echa de ver; Justicia sacra,<br>piedad, piedad en esta gran discordia. |
| Demonio | Justicia pido. |
| Ángel | Yo misericordia. |

| | |
|---|---|
| Demonio | Manda, señor, que muera; tenga efecto el auto justamente proveído. |
| Ángel | Supuesto que si muere ha de salvarse, ¿de qué te sirve, a ti que agora muera? |
| Demonio | Temo. |
| Ángel | ¿Qué temes? |
| Demonio | Que si ahora vive, ha de sacar de mis ardientes uñas más almas que la Libia tiene arenas y que el fúlgido Sol menudos átomos. |
| Ángel | Siempre de judiciario te preciaste. |
| Demonio | Tan astrólogo soy como solía; que no perdí la ciencia con la gracia. |
| Justicia | Viva doña Teresa. |
| Demonio | ¡Rabia en ella y en mí que tal escucho! ¿No bastaba la burla de la silla que en el fuego, en los cóncavos senos del abismo, mandaste prevenir para esta monja, sino agora de nuevo amenazarme con su vida? ¡Reniego! |
| Ángel | ¡Vade retro! |
| Justicia | Ha de vivir y ser gran sierva mía. |

| | |
|---|---|
| Ángel | Todo viene a parar en fiel concordia. |
| Demonio | Justicia pido. |
| Ángel | Yo misericordia. |

(Descúbrese una silla de fuego.)

| | |
|---|---|
| Justicia | ¿Qué es esto? |
| Demonio | Ahora quiero que tú veas<br>la ardiente silla que en el hondo infierno<br>tuvo por sus pecados merecida,<br>por livianos intentos y descuidos<br>que en los mandatos de tu mano tuvo;<br>mira, señor, a quien mercedes haces. |

(Tiembla Teresa en la cama.)

| | |
|---|---|
| Mariano | Grandes secretos son, Señor, los tuyos. |
| Justicia | Volvióse a mí con amoroso pecho;<br>y cualquier pecador, y a cualquier hora<br>que a mí se vuelva el corazón contrito,<br>sabe que tendré de él misericordia. |
| Demonio | Reniego de la luz que un tiempo tuve. |
| Justicia | Asiéntese este auto que pronuncio,<br>digo del conocido y nuevo término;<br>désele fin al pleito de esta audiencia. |
| Demonio | Qué, ¿tan poco aprovechan mis cautelas? |

**66**

| | |
|---|---|
| Ángel | Gracias a Dios que salgo victorioso. |
| Demonio | Aquí de mi poder, aquí discordia. |
| Ángel | Aquí de Dios, aquí misericordia. |

(Corren la cortina. éntrase el Ángel por una puerta y el Demonio por otra; sale la Abadesa y vuelve en sí Teresa.)

| | |
|---|---|
| Abadesa | Lleguemos, que vuelve en sí. |
| Teresa | ¡Ay de mí! |
| Mariano | ¿Qué es lo que he visto? |
| Abadesa | Sin duda vuelve. |
| Teresa | ¡Ay, mi Cristo! |
| Abadesa | Lleguemos, padre. |
| Teresa | ¡Ay de mí! |
| Mariano | Señora. |
| Teresa | ¡Ay Dios! |
| Mariano | ¿Qué sentisteis? |
| Teresa | Vi que el Ángel... |
| Mariano | Sosegaos. |

| | |
|---|---|
| Teresa | Vi que el Demonio... |
| Mariano | Aclaraos. |
| Teresa | Vi la silla, y vi... |
| Mariano | ¿Qué visteis? |
| Teresa | Que el alma en la boca tuve. |
| Abadesa | De frenesí ha dado indicio. |
| Teresa | Tengo turbado el juicio.<br>de ver lo que en él estuve. |
| Mariano | ¿Qué es lo que visteis, señora?<br>Decídmelo. |
| Teresa | ¡Ay, padre mío!<br>Vi tanto, que desvarío<br>en referíroslo, ahora. |
| Mariano | Ya el accidente pasó. |
| Teresa | Con todo, le estoy temiendo. |
| Mariano | Para mí, que el caso entiendo,<br>ya me ha dicho lo que vio. |
| Teresa | Estuve para morir,<br>y al fin, en aqueste mal,<br>mi padre, vi tanto y tal,<br>que no lo sé referir. |

| | |
|---|---|
| Mariano | Sosegad un poco ahora, que más despacio os espero. |
| Teresa | Ved que importa. |
| Mariano | Volveré. |
| Teresa | Adiós, padre. |
| Mariano | Adiós, señora. |

(Vase fray Mariano y cubren a Teresa, y la Abadesa despierta a Petrona.)

| | |
|---|---|
| Abadesa | Deo gracias. ¿Oye, hermana Petrona? Está como un leño. ¿No me oye? ¡Extraño sueño! Dormirá de aquí a mañana. ¡Petrona! ¡Jesús María, y qué sueño tan pesado! Petrona, ¡qué buen cuidado! Despierta. |
| Petrona | Pues ¿quién dormía? |
| Abadesa | Estése otro poco, duerma; levántese, ¿no me ha oído? |
| Petrona | Pasito, no hagan ruido; que lo sentirá la enferma. |
| Abadesa | Cuando la estaba llamando. ¿era menos el estruendo? |
| Petrona | Más guardaré yo durmiendo |

que treinta hermanas velando.

Abadesa    Pues sepa, hermana Petrona.
que por haberse dormido
grande pena ha merecido,
la que no se le perdona.

(Vanse; salen Teresa y fray Mariano.)

Teresa    Ya, padre, buena me siento.

Mariano    Sospecho que os ha sanado
la patente que os han dado
para fundar el convento.

Teresa    El supremo Superior
me hizo gran merced;
tomad, mi padre, leed.

Mariano    Por cierto extraño fervor,
licencia para Teresa
dé Jesús. ¡Gran novedad!

Teresa    Voy fundada en humildad.

Mariano    Preciosa joya es esa.
No doña Teresa ya
de Ahumada.

Teresa    Desde hoy,
Teresa de Jesús soy,
y este nombre se me da.

Mariano    Buen nombre habéis escogido.

| | |
|---|---|
| Teresa | Como escogido en efeto. |
| Mariano | El de Jesús es perfeto. |
| Teresa | Padre, regala el oído, |
| | y en la oración más extrema, |
| | cuando el demonio me asombre, |
| | temerá mejor el nombre, |
| | ya que por mí no me tema. |
| Mariano | Vuestro parecer alabo. |
| Teresa | Es amoroso. |
| Mariano | Y prudente. |
| Teresa | Leed, padre, la patente. |
| Mariano | Bien decís, vamos al cabo. |
| Lee: | «Por la presente damos licencia a Teresa de Jesús, monja profesa en nuestro convento de la Encarnación de Ávila, para que pueda fundar conventos de las Descalzas de nuestra Orden de Carmelitas, en las ciudades, villas y lugares que por bien tuviere, guardando nuestra regla primera que en el monte Carmelo fundó el santo profeta Elías; y asimismo damos licencia que, para la solicitud de los dichos conventos, salga de su convento, con una compañera, todas las veces que fuere necesario. Y mandamos a nuestros ministros inferiores que no vayan al contrario de esta nuestra patente. Dada en la ciudad de Ávila, a 22 de mayo |

de 1582. Fr. Ángel de Salazar, ministro provincial de Castilla.»

Teresa          ¿Qué decís?

Mariano                    Que es obra hecha
de la suma Omnipotencia,
que dé tan amplia licencia
en religión tan estrecha.

Teresa          No quepo en mí de placer.

Mariano         Mucho os queréis estrechar.

Teresa          Esta regla he de guardar:
no hay duda que me poner.

Mariano              La penitencia es doblada;
del Carmen sois recoleta,
que es la Orden más perfeta,
y de quien Dios más se agrada;
    Orden donde Elías mostró
su profundo y santo celo;
la que fundó en el Carmelo,
y del Carmen la llamó.
    Ojalá frailes hubiera
que la quisieran tener.

Teresa          Dios lo puede todo hacer.

Mariano         A todo yo me pusiera.

Teresa          Créolo en verdad.

| | |
|---|---|
| Mariano | Sí, haría. |

Teresa

Pues quizás seréis cimiento
de algún divino convento
que pienso hacer algún día.

Mariano

    Mujer, y ¿queréis fundar
conventos de frailes vos?

Teresa

Mi padre, el poder de Dios
no le queráis limitar;
    este edificio caído,
de los tiempos derribado,
pienso ver edificado
y más que nunca esparcido.
    Palabra me dio segura
el que no puede mentir,
de que yo tengo de abrir
la puerta de esta aventura.

Mariano

    Aclaraos.

Teresa

        En confesión,
el caso, padre, sabréis,
porque importa que guardéis
secreto en esta ocasión.

Mariano

    Decid, pues.

Teresa

        Confieso y digo,
padre, para entre los dos,
que me guía el mismo Dios
en el intento que sigo:
    tres veces su fe me ha dado,

de Niño Jesús la una,
la otra puesto en la coluna,
y la otra crucificado.

(Sale el Demonio.)

Demonio    Mi traza importa. Es maraña;
no la creas.

Mariano    Dudo, a fe.

Demonio    Padre, alguna ilusión fue
que a esta monja la engaña.

Mariano    No fue Dios el que os habló,
como pensáis.

Demonio    Bien me ayuda.

Mariano    El demonio fue, sin duda,
pues tantas formas tomó.

Demonio    Discretamente la informas.

Mariano    Esto que os he dicho creo:
que no es Cristo el dios Proteo
para tomar tantas formas.

Demonio    Dile que huya esas visiones.

Teresa    No hay duda que me poner.

Mariano    Pues yo soy de parecer
que huyas esas tentaciones.

| | |
|---|---|
| Demonio | Eso es lo más importante. |
| Mariano | Y cuando más no podáis,<br>higas y cruces hagáis<br>cuando se os ponga delante:<br>    como confesor, os mando<br>que lo que os he dicho hagáis. |
| Teresa | Riguroso, padre, andáis. |
| Mariano | Vuestro bien voy entablando;<br>    esto es, señora, mi oficio:<br>no hay sino tener paciencia.<br>que el acto de la obediencia<br>es el mayor sacrificio. |
| Teresa | ¿Que ésta os parece ilusión? |
| Mariano | Es muy sutil el demonio:<br>preguntadlo a San Antonio,<br>a San Mario, a San Antón.<br>    hable por mí el monje Mario,<br>San Jerónimo el del yermo.<br>en la oración San Guillermo,<br>en la celda San Hilario.<br>    Que con ser doctos varones,<br>el demonio, cada día<br>engañarlos pretendía,<br>como a vos, con ilusiones.<br>    Muchas almas ignorantes,<br>Señora, se han condenado,<br>porque llevar se han dejado<br>de ilusiones semejantes. |

| | |
|---|---|
| Demonio | Ya no tengo más que hacer. |

(Vase el Demonio.)

| | |
|---|---|
| Mariano | Cuando venga esa ilusión, |
| | huid de su tentación; |
| | idos a todo correr. |

| | |
|---|---|
| Teresa | ¿Si me sigue? |

| | |
|---|---|
| Mariano | Si porfía |
| | higas y cruces le dad; |
| | y con esto, adiós quedad. |

| | |
|---|---|
| Teresa | Cristo vaya en vuestra guía. |

(Vase fray Mariano, aparece el Niño Jesús en un altar.)

| | |
|---|---|
| Niño | No temas; llega, mujer. |

| | |
|---|---|
| Teresa | Dulce voz, el pecho ablanda; |
| | pero el confesor me manda |
| | que no espere. ¿Qué he de hacer? |
| | Dios me aclare mi sentido. |
| | ¿Llegaré? ¿Que estoy dudosa? |
| | Mas la obediencia es forzosa, |
| | y el pensamiento atrevido. |
| | Pero en estas dudas dos, |
| | huyo. ¿Qué me desvanezco? |
| | Que al confesar obedezco, |
| | y en el confesor a Dios. |

(Va a huir y detiénela San Pablo.)

| | |
|---|---|
| San Pablo | Por aquí no has de pasar. |
| | que el apóstol Pablo soy, |
| | que el paso guardando estoy |
| | porque Dios te quiere hablar. |
| | |
| Teresa | Pues otra puerta sé yo |
| | por donde podré salir; |
| | que quiero en todo seguir |
| | lo que el confesor mandó. |

(Vase a ir por otra puerta, detiénela San Pedro.)

| | |
|---|---|
| San Pedro | ¿A dónde huyes por aquí? |
| | vuelve a Dios, mujer; detente. |
| | |
| Teresa | Quisiera ser obediente. |
| | |
| San Pedro | No dejas de serlo ansí. |
| | |
| Teresa | ¡Dios lo que importa me advierta! |
| | Y decidme, ¿quién sois vos? |
| | |
| San Pedro | San Pedro, apóstol de Dios, |
| | que por él guardo esta puerta. |
| | |
| Teresa | ¡Válgame Dios! ¿Qué haré? |
| | Los pasos tomado tengo; |
| | higas y cruces prevengo, |
| | que es lo más que hacer podré. |
| | |
| San Pablo | ¿Qué reparas? |
| | |
| San Pedro | ¿No concluyes? |

| | |
|---|---|
| San Pablo | ¿No llegas? |
| Teresa | Sí, llegar quiero. |
| San Pedro | ¿Qué esperas? |
| Teresa | Nada espero. |
| Niño | Vuelve a mí, ¿por qué me huyes? |
| Teresa | Por obedecer, Señor;<br>perdonadme si os ofendo;<br>y si peco obedeciendo,<br>culpad a mi confesor. |
| Niño | Esposa, de nuevo luces,<br>y nuevo premio mereces,<br>con lo bien que hoy obedeces. |
| Teresa | Pues tomad higas y cruces. |
| Niño | ¿Qué me das? |
| Teresa | Cruces con higas,<br>como el confesor ordena. |
| Niño | Obedece enhorabuena;<br>que obedeciendo me obligas. |
| Teresa | Higas y cruces mandó<br>que mis manos hoy os den,<br>y advirtió en extremo bien,<br>aunque acaso lo advirtió. |

Con ánimo de obligaros,
cruces manda que os dé a vos,
y las cruces, Niño Dios,
claro está que han de agradaros.
  Aunque salga de compás,
dos mil cruces os daré,
y por muchas que yo os dé,
pienso que vos queréis más.
  Cruces son, Niño; miradlas,
aunque a la cruz que ilustrasteis
cuando más pecho, mostrasteis
volvisteis, Dios, las espaldas.
  Que améis la cruz es razón,
pues en ella os enclavasteis.
y es la nave en que surcasteis
el golfo de la Pasión.
  Mis cruces de gusto han sido;
que el vencedor más honrado
se alegra viendo a su lado
las armas con que ha vencido.
  Gozoso podéis mirarlas;
que vuestras armas son éstas.

Niño

Armas que yo traje a cuestas,
claro está que he de estimarlas.

Teresa

  De las higas, me temía
cómo podéroslas dar;
pero ya no hay que dudar,
que os vienen bien este día.
  Tomad mil higas, mi Esposo;
que en nadie mi dulce amor
las puede emplear mejor
que en un Niño tan hermoso.

Remírome en vuestras luces,
y tan gozosa me veo,
que daros, Niño, deseo
tantas higas como cruces.
    Mis ojos no os hagan mal;
tomad, aunque es indecencia;
que en ser higas de obediencia,
valen más que de cristal.
    Bello Infante soberano,
higas y cruces os doy,
porque tengáis desde hoy
estos dijes de mi mano.
    Guardadlos, mi Niño bello;
ved que no pasa de raya
que un Niño por dijes traiga
cruces e higas al cuello.

Niño            En mucho estimo el amor
                que tu pecho me ha mostrado,
                y como amante obligado
                te quiero dar un favor.

Teresa          Indigna soy.

Niño                                Bien supiste...

Teresa          Mi Niño, súpeos amar.

Niño            Una cruz te quiero dar
                por las muchas que me diste;
                    toma.

Teresa                  En mucho la tendré;
                colgaréla del rosario;

**80**

|         |                                      |
|---------|--------------------------------------|
|         | será cruz de relicario               |
|         | en el templo de mi fe.               |
|         | ¡Qué piedras tiene tan bellas!       |
| Niño    | Todas son finos diamantes.           |
| Teresa  | Son piedras tan relumbrantes         |
|         | que me parecen estrellas;            |
|         | y es cuerdo mi parecer,              |
|         | Señor, pues me las dais vos;         |
|         | que los diamantes de Dios            |
|         | estrellas deben de ser.              |
| Niño    | Segundo favor te haré.               |
| Teresa  | ¿En la fundación, mi Esposo?         |
| Niño    | Yo soy todopoderoso,                 |
|         | y cuanto pudiere haré.               |

(Tocan chirimías; desaparecen el Niño, San Pedro y San Pablo, y cantan dentro lo siguiente:)

> Aunque más contrarios veas,
> prosigue en Dios confiada;
> que presto verás fundada
> la religión que deseas.

Teresa       Absorta me quedo en calma
con lo que de nuevo he visto,
y al fin la gran piedra Cristo
es piedra imán de mi alma.
     Como suele el buen halcón
irse al cebo más llegando,

voy, y Dios me está llamando
con cebo del corazón.
    Vuelve el alma enamorada,
pero tiénenla oprimida
las pihuelas de la vida,
al tronco del cuerpo atada.
    La pasada gloria cesa,
y sin vos, Niño, he quedado
como quien rey se ha soñado,
y si despierta, le pesa.

(Salen la Abadesa, doña Juana y Petrona.)

Doña Juana        Hermana del alma mía,
                  ¿tan sola?

Teresa                        Ya podéis ver.

Abadesa           La causa debe de ser
                  alguna melancolía.

Teresa            No es cierto.

Abadesa                        Pues bien podéis
                  tenerla, y tendréis razón,
                  porque en vuestra fundación
                  un grande estorbo tenéis.
                      La casa que concertamos
                  para fundar el convento,
                  lo que a vuestro y a mí contento,
                  cual sabéis, aderezamos,
                      tiene las paredes tales,
                  que está ya para caerse.

| | |
|---|---|
| Teresa | ¿Qué remedio ha de tenerse? |
| Doña Juana | No hay dinero ni oficiales. |

(Cantan dentro.)

| | |
|---|---|
| Teresa | ¿Escuchasteis la canción? |
| Doña Juana | ¿Qué canción? |
| Abadesa | Que pierde el seso. |
| Doña Juana | Sin duda debe ser eso<br>con aquesta fundación. |
| Teresa | Solo ha llegado a mi oído:<br>nuestra casa reparemos. |
| Doña Juana | En el suelo la hallaremos. |
| Teresa | Yo sé que no se ha caído.<br>Las paredes malparadas<br>tratemos de reparar;<br>que Dios nos ha de amparar<br>aunque estén mal reparadas. |
| Doña Juana | Ya no hay reparo que hacer,<br>que pasa el daño de ahí;<br>más mal hay... |
| Teresa | ¡Pobre de mí!<br>¿Qué mal mayor puede haber? |
| Doña Juana | Mayor, y la causa soy. |

| | |
|---|---|
| Teresa | ¿Vos la causa? |
| Doña Juana | Yo, sin duda. |
| Teresa | Hermana, si Dios me ayuda, |
| | de buena ventura soy; |
| | pero, con todo, me admiro. |
| Doña Juana | Toda la revelación |
| | ha sido en esta ocasión |
| | porque me ama don Ramiro, |
| | el mismo que despreciaste, |
| | y don Diego. |
| Teresa | Por mi fe... |
| Doña Juana | Los amantes heredé |
| | cuando en religión entraste; |
| | los dos, que son regidores, |
| | levantan este rumor, |
| | envidiosos del favor |
| | que doy... |
| Teresa | ¿A quién das favores? |
| Doña Juana | A Juan del Valle, que al fin |
| | éste ha de ser mi marido, |
| | que como tal le he escogido; |
| | éste es el principio y fin. |
| | El Consistorio, indignado, |
| | estorba la fundación, |
| | y con esta pretensión |
| | al Obispo se ha quejado. |

Dice que no es buen intento
que mujeres mendicantes
quieran vivir observantes
dentro de un pobre convento.
   Que la limosna faltando,
de su clausura saldrán,
y que de fuera andarán
por las calles mendigando.
   Dice que el peligro es mucho
si mendiga una mujer,
y más de buen parecer.

Teresa              Mi Cristo, ¿qué es lo que escucho?

Doña Juana              Aunque es bien fiar de Dios,
la pobreza es ya sabida,
la casa toda caída
y la ciudad contra vos.

(Cantan otra vez.)

Teresa              ¿Habéis, por ventura, oído
las dulces voces que yo?

Abadesa              Que no hay voces.

Teresa                            ¿Cómo no?
Preguntadlo a mi sentido.

Abadesa              Yo pienso que os le ha quitado
la fundación que intentáis:
sosegaos.

Teresa                     Bien lo miráis.

| | |
|---|---|
| Abadesa | Muestra de ello me habéis dado. |
| Doña Juana | Tratad lo que más convenga<br>y múdese de intención. |
| Teresa | Saldré con mi fundación<br>aunque más contrarios tenga. |
| Doña Juana | A mi hermana seguiré. |
| Petrona | Yo también sus pasos sigo,<br>¡Madre mía! |
| Teresa | Ven conmigo. |
| Petrona | De mil amores iré. |
| Abadesa | Guárdete Dios el juicio. |
| Petrona | Temo, si es que huya,<br>una disciplina suya<br>más que un año de silicio. |

(Vanse; salen dos demonios con palancas y azadones.)

| | |
|---|---|
| Demonio | Astarot, caiga en el suelo<br>la casa de esta mujer;<br>date priesa, que recelo<br>que a mi pesar ha de ser<br>recámara de su cielo. |
| Astarot | Buen fin tendrá nuestro intento. |

| | |
|---|---|
| Demonio | Si quedase en pie el convento,<br>aquí se han de registrar<br>las piedras que han de ilustrar<br>los tronos del firmamento.<br>　　Mil recoletas doncellas<br>temo que aquí Dios tendrá,<br>y Serán luces tan bellas,<br>que al cielo se las dará<br>por mejorarle de estrellas. |
| Astarot | 　　Pica, no te escandalices,<br>derriba y no profetices. |
| Demonio | Mucho, tenemos que hacer. |
| Astarot | Ya comienzo yo a temer<br>por ser ansí lo que dices. |

(Salen Teresa, doña Juana, Petrona, y ángeles en figuras de oficiales.)

| | |
|---|---|
| Teresa | 　　Al nuevo templo lleguemos;<br>cuidado, mis oficiales. |
| Joseph | Confía que le tendremos. |
| Teresa | Dentro están buenos puntales;<br>venid, todos trabajemos. |
| Demonio | 　　Esfuerzo mi hermana cobra |
| Doña Juana | Astarot, vamos de aquí.. |
| Astarot | ¿Qué temes? |

| | |
|---|---|
| Demonio | ¡Pesar de mí!<br>Que hay nueva gente en la obra. |
| Astarot | ¿Quién, Luzbel, te hace temer? |
| Demonio | Un obrero que hay de nuevo. |
| Astarot | ¿Quién tiene tanto poder? |
| Demonio | Pues yo con él no me atrevo,<br>mira qué tal puede ser.<br>Recogidos cortesanos<br>del cielo a trabajar vienen;<br>mis intentos salen vanos,<br>pues a hacer la iglesia vienen<br>los obreros soberanos.<br>Del cielo deben de ser;<br>hoy con mis trazas concluyo;<br>mucho tengo que temer. |
| Astarot | Ya no podemos hacer<br>nada; Luzbel, huye. |
| Demonio | Huyo. |

(Vanse; sale don Diego.)

| | |
|---|---|
| Don Diego | Guárdeos el cielo, señora,<br>de cuyas rojas colores<br>se afrenta la clara aurora<br>cuando, matiza de flores<br>las esmeraldas de Flora.<br>Yo, prima, te he de servir<br>hoy, en no contradecir |

la fundación que deseas;
mi intento quiero que veas,
que mi amor puede decir.
   Soy, cual sabes, regidor,
y mándame la ciudad
que proceda con rigor.

Doña Juana    Aquí está mi hermana, entrad;
vuestro oficio haced, señor;
   haced la contradicción
y estorbad la fundación,
pues no la tenéis por buena.

Don Diego    No quiero yo darte pena,
que estás en mi corazón;
   pues ver tus ojos merezco,
por hoy no contradiré;
prima, a servirte me ofrezco,
porque sepas de mi fe
que en tu servicio padezco.

Doña Juana       La merced, señor, estimo.

Don Diego    Siempre en servirte me animo.

Doña Juana    Ya sé que sois muy cortés.

Don Diego    Esta, vuestra hermana es.
Adiós, señora.

Doña Juana    Adiós, primo.

(Vase don Diego; sale Teresa con una espuerta de tierra.)

| | |
|---|---|
| Teresa | Dejemos la iglesia llana. |
| Doña Juana | Qué, ¿también trabajáis vos? |
| Teresa | Es de Dios la casa, hermana,<br>y como es casa de Dios,<br>trabajo de buena gana. |
| Doña Juana | Por hoy no os estorbarán,<br>que ya dicho me lo han. |
| Teresa | ¿Quién, hermana? |
| Doña Juana | ¿Quién? Don Diego. |
| Teresa | ¿Aquí? |
| Doña Juana | Sí; tened sosiego,<br>que ya no os contradirán. |
| Teresa | Mil gracias al cielo doy. |
| Doña Juana | Hermana, confusa estoy. |
| Teresa | ¿De qué? |
| Doña Juana | De que han de faltar<br>dineros para pagar<br>los jornaleros de hoy. |
| Teresa | En eso bien me acomodo. |
| Doña Juana | Pues decidme, ¿de qué modo<br>pensáis de pagallos vos? |

| | |
|---|---|
| Teresa | La casa, hermana, es de Dios,<br>que es el proveedor de todo. |

(Sale Petrona con una espuerta de cal.)

| | |
|---|---|
| Petrona | Socorro, madre y señora,<br>que con la carga caí. |
| Teresa | ¡Pobre de mí, pecadora!<br>Y ¿siente algún daño? |
| Petrona | Sí,<br>de nuevo me siento agora. |
| Teresa | A nuestro oficio volvamos. |
| Petrona | Madre, la iglesia limpiemos. |
| Teresa | Hija, ven, alegres vamos;<br>que es bien que nos alegremos,<br>pues hoy por Dios trabajamos. |

(Vanse todos; queda doña Juana y sale Valle.)

| | |
|---|---|
| Doña Juana | Por cierto, grande fervor<br>lleváis con divino amor<br>que en Dios, hermana, tenéis. |
| Valle | ¡Ojos, sin duda el Sol veis,<br>pues os ciega el resplandor!<br>¡Mi señora doña Juana! |
| Doña Juana | ¡Oh, mi señor Juan del Valle! |

| | |
|---|---|
| Valle | El alma os contempla ufana,<br>que es el aire de ese talle<br>céfiro de esta mañana:<br>    llegó el alma calurosa,<br>pensativa y congojosa;<br>pero el aire que he sentido<br>refresca el alma, encendido,<br>como el de la aurora hermosa. |
| Doña Juana | ¡Qué bien lo sabéis decir! |
| Valle | Mi palabra, vida, os doy,<br>que lo sé mejor sentir. |
| Doña Juana | ¿No sabéis que vuestra soy? |
| Valle | Sé que os tengo de servir. |
| Doña Juana | Si gustáis de mi contento,<br>no me habléis de cumplimiento. |
| Valle | Señora, si he de hablar claro,<br>las palabras que disparo<br>son balas del pensamiento. |
| Doña Juana | Y balas con que abrasáis<br>mis sentidos abrasados. |
| Valle | Bien, mi señora, os vengáis,<br>pues con los ojos rasgados,<br>todo el pecho me rasgáis:<br>    vengaos, doña Juana, de él;<br>sed con mi pecho cruel; |

pero, sin duda el rigor
se convertirá en amor
cuando os halléis dentro de él.

Doña Juana                   Siendo, señor, eso ansí,
fuerza es mirar por los dos,
que según he visto aquí,
piadosa he de ser con vos,
por no serme cruel a mí.
      ¿Queréis con mi hermana hablar?

Valle                Y claro lo he de tratar;
y pues el sí me habéis dado,
lo tengo más negociado.

Doña Juana                Con todo, hay que negociar,
   porque de mi voluntad
mi hermana ha de disponer;
ya sale; habladla, y mirad
que os habrá menester
en cierta necesidad.

(Sale Teresa con una espuerta de tierra.)

Valle                Suyo, como vuestro, soy.
¿Queréis ayuda?

Teresa                       Ya hoy
poco menester será,
que se acaba la obra ya,
de que al cielo gracias doy.

Doña Juana               Decid, pesar de mis males,
¿de dónde se han de pagar,

si acaban, los oficiales?

| | |
|---|---|
| Teresa | Dineros no han de faltar. |
| Valle | Yo traigo quinientos reales. |
| Teresa | A buen tiempo habéis venido. |
| Valle | Bueno, pues os he servido. |
| Teresa | Habláis como hermano, al fin. |
| Valle | Siempre he llevado ese fin. |
| Teresa | Ya os tengo bien conocido. |
| Valle | ¿Sabéis de qué hemos tratado? |
| Teresa | Ya sé, de mi hermana..............,<br>y le tengo confirmado................ |
| Valle | Sin duda hay intento..................<br>pues vos le habéis aprobado. |

(Sale Petrona.)

| | |
|---|---|
| Petrona | Ya la casa está acabada,<br>tan firme y tan bien obrada,<br>que pone contento el vella. |
| Teresa | Dios pienso que anduvo en ella,<br>pues queda tan bien labrada. |
| Valle | Dineros ofrecí yo; |

**94**

tomad, pagadlos enteros.

Teresa                             Ved si Dios le descargó,
pues me envía los dineros
cuando la obra se acabó.
    Dios vale al que en Él espera;
debo manos y madera.

Valle                                Aquí están quinientos reales.

Teresa                             ¿No salen los oficiales?

Petrona                          Ya van saliendo acá fuera.

(Salen los ángeles con azadones y espuertas.)

Ángeles                           En el templo de este suelo,
donde ha de ser Dios servido,
razón es hayan venido
los oficiales del cielo.

(Vanse los ángeles.)

Teresa                             Vuestro, dinero ha sobrado

Valle                                Ya, madre, lo habemos visto.

Teresa                             ¿Veis, hermano, cómo Cristo
los obreros me ha pagado?

Valle                                Supuesto que está de Dios
este negocio, querría,
madre, que hoy en este día
dichoso fin nos deis vos.

| | |
|---|---|
| Teresa | Yo digo que se haga hoy,<br>pues gusta de ello mi hermana. |
| Valle | ¡Vuestro soy, mi doña Juana! |
| Doña Juana | ¡Yo, mi señor, vuestra soy! |

(Sale don Diego.)

| | |
|---|---|
| Don Diego | ¿Qué es lo que mis ojos ven?<br>¿Qué lo que amor hoy me muestra?<br>¿Yo soy vuestro? ¿Yo soy vuestra?<br>¿Y que las manos se den?<br>   ¿Es menester un padrino<br>para el nuevo casamiento? |
| Don Juan | ¡Primo! |
| Don Diego | ¡Extraño pensamiento! |
| Doña Juana | Algún peligro imagino. |
| Don Diego | Fuera bien que yo supiera<br>que en aquesto se tratara,<br>y que presente me hallara<br>cuando el concierto se hiciera.<br>   En buena razón me fundo,<br>que, bien mirado, al presente<br>no soy tan poco pariente,<br>que no soy primo segundo.<br>   Pero, mujeres al fin,<br>aunque a sus deudos enojan,<br>siempre al principio se arrojan, |

escogiendo lo más ruin.
    Según veo, tenéis talle
de haber el negocio errado,
que por mujeres tratado,
fuera milagro acertalle.

Valle
    Ya es mucha desenvoltura;
no os arrojéis tanto.

Don Diego
                ¡Ah, cielos!
Corre temporal de celos,
y anégase mi cordura,
    y de vos me quejo ansí,
pues fuera mucha razón
que de vuestra pretensión
me diérades parte a mí;
    pero anduvisteis con arte
en negociar de ese modo,
que quizá os negara el todo
si de ello me dierais parte.

Valle
    De la gloria que me espera,
y que solo he de gozar,
si parte no quise dar,
es porque la quiero entera.
    Del caso estoy enterado,
y tengo bien conocido,
que trato doblado ha sido
el que vendéis por honrado.

Don Diego
¡Vos sois un mal caballero!

Valle
¡Vos mentís!

| | |
|---|---|
| Don Diego | Cerrad el labio; |
| | que es bien que a quien toca agravio, |
| | hable con lenguas de acero. |
| | |
| Teresa | Abajad la diferencia, |
| | mi Dios; atajad su fuego; |
| | de parte de Dios os ruego |
| | que cese aquí la pendencia. |
| | |
| Don Diego | ¿Qué es esto? |
| | |
| Valle | Yo, madre amada, |
| | ya envaino. |
| | |
| Don Diego | Mi furia crece. |
| | pero el brazo se entorpece; |
| | no puedo mandar la espada. |

(Vanse Valle, Teresa y doña Juana.)

> ¿Fuése mi enemigo? ¡Rabio!
> Quiero, y no puedo matalle;
> pero bien podré alcanzalle
> con las alas de mi agravio.
> ¿Fuése al fin? ¿Qué es esto, cielos?
> Mas podré en esta ocasión
> abrasarle el corazón
> con los rayos de mis celos.
> En vano el alma se esfuerza.

| | |
|---|---|
| Petrona | Señor don Diego, escuchad: |
| | negocios de voluntad, |
| | no los queráis de por fuerza. |
| | La naranja y la mujer, |

lo que ellas quisieren dar,
porque en llegando a apretar,
amargo el fruto ha de ser.

Fin de la segunda jornada

## Jornada tercera

(Salen Valle, Teresa de Jesús y Petrona.)

Valle

Esta es la fértil vega deleitosa
do se cifra la ciencia y mi sosiego:
la insigne Salamanca suntuosa.

Esta es la fundación del fuerte Griego,
que vertió el Paladión preñado de ira:
convirtió el edificio en vivo fuego.

Este es el muro que al Trajano admira,
poniendo al cuarto cielo las escalas,
que temeroso, al parecer, las mira.

Parece que las torres tienen alas,
y que Febo se humilla, disparando
piedras zafiros en lugar de balas.

La más bella ciudad estás mirando,
que el gallardo Pintor del cielo hermoso
repasa, todo el orbe iluminando.

Ya con su luz el Tormes caudaloso
las flores mira que guarnece atento
con blando curso de cristal ondoso.

Este es de Salamanca el firme asiento,
pozo de ciencia, fuente milagrosa,
que trae del cielo empíreo el firmamento.

Es madre general tan generosa,
que mil extraños hijos autoriza,
dotándolos de ciencia y renta honrosa.

Es ameno jardín, que solemniza
la provincia del mundo más extraña,
cuya planta Minerva fertiliza.

La gran ciudad del mundo en nuestra España,
que parece se miran las almenas
en el ameno Tormes que las baña.

Mirando con desprecio a las de Atenas,
con más valor y ciencia enriquecidas
que el ancho mar de plata vierte arenas.

Aquí vuestras Descalzas recogidas
estrellas, son que Dios mismo atesora
para honrar sus esferas guarnecidas.

Aquí, pues, ¡oh, mi madre fundadora!
vinisteis, para ser divino aumento
del soberano Elías, clara aurora.

Teresa          En Ávila fundé el primer convento,
que es la primera piedra en que me fundo,
porque fue mi primero fundamento.

En Medina del Campo fue el segundo,
en Malagón fundé luego el tercero,
y el cuarto en la mejor villa del mundo,

que es en Valladolid, del cual espero
que al cielo han de ofrecer mis luces bellas,
causando envidia a su mayor lucero.

La quinta fundación, y mejor de ellas,
hice en Toledo, cuyas torres altas
quieren ganar al cielo las estrellas.

La sexta fue en Pastrana, adonde esmaltas,
¡gran Dios!, de caridad las mis hijuelas,
ricas de amor y de riquezas faltas.

Aquí, donde florecen las escuelas,
la séptima fundé, en que me recreo,
a pesar del demonio y sus cautelas.

La octava en Alba, junto al Tormes veo,
y en la ilustre Segovia la novena,
y fue para mi Dios un grande empleo.

En la villa de Zea la decena,
y la oncena fue allá en Sevilla,
que está de santidad y gloria llena.

La duodécima fue en la ilustre villa
de Caravaca, y Orden de Santiago,
que pone cruz en Pecho a maravilla.
 La trecena, primera que a Dios pago,
en Villanueva de la Jara ha sido,
donde pasé de penas más de un trago.
 La cuatorcena fue, si no me olvido,
dentro en Palencia; la quincena en Soria,
de mi virgen ganado sacro ejido.
 De la décimasexta haya memoria,
que en Granada fundé, dando a mi Cristo
mil nuevas gracias de su nueva gloria.
 La postrer fundación que hasta hoy he visto,
en Burgos fue, donde las hijas mías,
rasgando el pecho están con amor listo.
 Diez y siete de monjas, en mis días,
y diez de frailes, hemos ya jurado
la santa Regla del profeta Elías.

Valle

 El cielo, madre, premie tu cuidado,
pues que con tus conventos de Descalzas
se mira ya hermoso y estrellado.
 El sacro nombre de tu Dios ensalzas,
y como al cielo tu fervor le sigue,
por entrar con silencio te descalzas.

Teresa

 Quiere Dios que el trabajo se mitigue
pasado en su servicio caminando,
a quien de nuevo es bien el alma obligue.

Valle

 En Alba doña Juana está esperando
vuestra presencia, a quien hoy os recibe,
como el agua de mayo deseando.
 Con don Gonzalo entretenida vive,

**103**

sobrino vuestro, su hijo y mi regalo,
de cuyas gracias suma plana escribe.
    También me dice que le tiene malo.

Teresa          Dios sabe, hermano, en todo lo que ordena.

Valle           Rogadle por mi niño don Gonzalo;
                    si el cielo de su vida me enajena,
                peligro corre, Madre, mi juicio.

Teresa          Dios le dará salud, no tengáis pena.
                    En Alba, ya de hoy más, será mi oficio
                hacer de mis pecados penitencia.

Petrona         No faltarán azotes y galeras.

Teresa          Paciencia, hermana.

Petrona                         Madre mía, paciencia;
                con siete misas y una disciplina
                suele desayunarse la conciencia.
                ¡Mirad qué dos pechugas de gallina!
                    ¡De qué pernil! ¡Qué lampreadas lonjas
                para cuitar al sueño la mohína!
                No somos las de acá como otras monjas,
                    que solo con azotes nos pasamos.
                ¡Ved qué cidras en miel! ¡Oh, qué toronjas!

Teresa          Decid, hermano, ¿cuándo en Alba entramos?

Valle               En Alba alcanzaremos hoy el día,
                aunque a las dos y aún a las tres; salgamos.

Teresa          ¿Tan corta es la jornada?

| | |
|---|---|
| Valle | Hermana mía,<br>son tres leguas pequeñas. |
| Teresa | ¿Qué se espera?<br>Oigamos misa, que partir querría. |
| Petrona | Reniego de la alforja y la collera. |
| Teresa | ¿Qué tienes? |
| Petrona | Que me ahogo. |
| Teresa | Pues, ¿qué ha sido? |
| Petrona | Corte. |
| Teresa | ¿Qué he de cortar? |
| Petrona | ¿Quiere que muera?<br>El cordel de la alforja está escondido. |
| Teresa | Sosiégate. |
| Petrona | No hay sosiego agora. |
| Teresa | Ya se cortó el cordel, calla. |
| Petrona | Eso pido. |
| Teresa | ¡Jesús me valga! |
| Valle | ¿Qué sentís, señora? |

| | |
|---|---|
| Teresa | Por cortar el cordel, me corté un dedo. |
| Petrona | ¡Ay de mí, desdichada pecadora!<br>    Mucha es la sangre. |
| Teresa | Y mucho vuestro miedo. |
| Valle | Un pañuelo le atemos. |
| Teresa | Llegue, hermano;<br>ate la herida, porque yo no puedo. |
| Valle | Yo tengo lienzo; dadme vuestra mano. |
| Teresa | No le manchéis, que es lástima ensuciarle. |
| Valle | El lienzo gana, y yo en rompelle gano. |
| Teresa | ¿Qué hacéis, señor? |
| Valle | ¿Qué puedo hacer? Rasgarle;<br>con el medio ataré la abierta herida,<br>y el medio por reliquia he de guardarle. |
| Teresa | ¿Burláis de mí? |
| Valle | Sacárame la vida. |
| Teresa | Soy muy perversa pecadora y mala. |
| Valle | Ya por quien sois estáis bien conocida. |

(Salen don Diego y Leonido vestidos de villanos, con pistoletes.)

**106**

| | |
|---|---|
| Don Diego | Este es quien me afrentó. |
| Leonido | Pon bien la cala,<br>por que no yerres bien el diestro tiro;<br>sobre seis perdigones, una bala. |
| Don Diego | Bien hecha está la carga. |
| Leonido | Ya me admiro:<br>pásale el pecho, y sea de manera,<br>que solo un ¡ay! pronuncie y dé un suspiro. |
| Don Diego | ¡Viva mi honor, y mi enemigo muera! |
| Teresa | ¡Mi buen Jesús, valedle! |
| Valle | ¡Ay, Dios! |
| Petrona | ¡Ay, triste,<br>que han muerto a Juan del Valle! |
| Teresa | Hermana, espera. |
| Petrona | ¿Qué he de esperar, si he visto lo que viste? |
| Teresa | Mírale el pecho bien. |
| Valle | Dios me ha guardado. |
| Don Diego | ¡Bien le apunté! |
| Leonido | ¡Gallardo tiro hiciste! |
| Valle | Solo de la ropilla me ha pasado, |

porque a la sangre de este medio paño,
perdigones y bala han respetado.

Teresa                    Obra es de Dios.

Petrona                                   Lloré por cierto el daño.

Valle        Una es la bala, y seis los perdigones.

Leonido      ¿Qué dices de esto?

Don Diego                        Que es milagro extraño.

Leonido      Libróle Dios de tus persecuciones.

Don Diego        Por que el pecho se os quiete,
             nueva amistad os prometo,
             que no es bien que os inquiete,
             pues hoy os tuyo respeto
             la bala de un pistolete.
                De vos estaba ofendido,
             y con disfraz de vestido,
             ciego en la ofensa de Dios,
             los pelos buscaba en vos
             del perro que me ha mordido.
                Pero este intento deshace
             el nuevo que agora sigo;
             hoy nuestra amistad se trace;
             que yo no quiero enemigo
             por quien Dios milagros hace.
                Ya la venganza destierro,
             y la plana al odio encierro,
             y ejemplo en la bala tomo,
             pues cuando os conoce el plomo,

vengo a conocer el yerro.
Perdonadme.

Valle
                    Bien se entiende
que Dios, en quien yo confío,
calificarnos pretende,
pues hoy con un plomo frío,
de nuevo el alma se enciende.

Don Diego
        Pues tan encendido estoy,
que propongo desde hoy
ser fraile.

Teresa
            Glorioso intento:
¿sabéis que fundo convento?

Don Diego
Sé que vuestro fraile soy,
y vuestro amigo, señor.

Valle
Nuevo milagro éste ha sido,
pues el odio y el rigor
tan presto se han convertido
en amistad y en amor.

Teresa
    Las gracias a Dios las dad
de vuestra nueva amistad.

Valle
Y a vuestra...

Teresa
                    No me afrentéis.

Valle
Iba a decir santidad,
pero atajado me habéis.

| Teresa | No me tratéis de esa suerte. |
|---|---|

Valle

Hoy me ha librado de muerte
este peto que formasteis;
con la sangre le templasteis,
porque saliese más fuerte.
   Pero ha sido bien fiel,
hermana, este medio lienzo,
pues la bala paró en él.

Teresa

Dejemos eso.

Valle

                    Hoy comienzo,
sin duda, a vivir por él.
   La bala, a hacer su hecho,
parece en este antepecho;
aunque sedienta llegó,
como vuestra sangre halló,
no quiso la de mi pecho.
   Y fue discreta la bala
en excusarme, de pena;
que si en sangre se regala,
la de vuestro dedo es buena,
y la de mi pecho es mala.
   No quiso el plomo este día
la caliente sangre mía:
la vuestra le dio contento,
que como llegó sediento,
buscó la bebida fría.
   El milagro, dibujado
en este lienzo se halla,
que es, aunque lienzo pintado,
lienzo también de muralla,
pues de un tiro me ha librado:

                    volverle quiero a mi pecho.

Don Diego      Jaco será de provecho.

Valle          Con vos, lienzo, iré seguro;
               que ya, cual lienzo de muro,
               me serviréis de antepecho.

Don Diego         Decidme dónde he de ser
               fraile, que por vuestra mano
               quiero la casa escoger.

Teresa         Con el retor fray Mariano,
               don Diego, os habéis de ver.
                  En Maqueda, primo, está,
               que es el convento primero
               de mis Descalzos.

Don Diego                       Y espero
               que para mi bien será.

Teresa            Dado me habéis gran contento,
               porque sois la piedra vos
               de mi primero convento,
               y piedra que labra Dios
               para piedra del cimiento.

Don Diego         Disponga el Eterno Padre
               lo que a mi corazón cuadre.

Teresa         Ansí lo habéis de pedir.

Don Diego      Luego me quiero partir.

| | |
|---|---|
| Teresa | Adiós, hijo. |
| Don Diego | Adiós, mi madre. |
| | De vos espero el perdón. |
| Valle | Yo le concedo y le pido |
| | de la pasada cuestión. |
| Don Diego | Yo solo el culpado he sido. |
| Valle | Yo solo di la ocasión. |
| Leonido | Seguirle hasta el fin conviene. |

(Vanse don Diego y Leonido.)

| | |
|---|---|
| Valle | El nuevo ejemplo que tiene |
| | me ha dejado puesto en calma. |
| Teresa | Si Dios le ha tocado el alma, |
| | cual a piedra imán se viene. |
| Petrona | Un cilicio me ha mandado |
| | el hermano fray Tardón; |
| | ¿quiere envialle un recado? |
| Teresa | Dios reciba la intención, |
| | y baste el que yo le he dado. |
| Petrona | ¡Madre! |
| Teresa | Tenga más juicio. |
| Petrona | Que traiga dos me conceda: |

no cercene mi ejercicio;
que no es seda sobre seda,
cilicio sobre cilicio.

Teresa    De pláticas excusemos;
entrar en Alba hoy querría:
venid luego, en misa entremos.

Valle    Con más de una hora de día,
en Alba, madre, entraremos.

Teresa    Veré las mis hermanitas,
las mis monjas descalcitas,
honra del monte Carmelo,
que puede ilustrar el cielo
con sus luces carmelitas.

Valle    Velas el cielo tan bellas,
que a las suyas las trocara;
pero el
convento sin ellas, luego a engaño
se llamara, y pidiera sus estrellas.
La misa quiere salir.

Petrona    Largos serán los oficios.

Valle    Luego podemos partir.

Petrona    Que me quiten los cilicios,
no es vida para sufrir.

(Vanse; salen doña Juana, con un niño en brazos, y don Juan, su hermano.)

Don Juan    De verte llorar me aflijo.

| | |
|---|---|
| Doña Juana | No hay llanto que no me cuadre, |
| | pues aguardo un vivo padre |
| | con nuevas de un muerto hijo. |
| | Ya se acabó mi regalo |
| | y mi ventura también; |
| | ya no espero tener bien, |
| | pues me faltáis vos, Gonzalo. |
| | La muerte, niño, os llevó: |
| | ¡ay, mi Dios! Sin vos, ¿qué haré? |
| | ¿Qué cuenta de vos daré |
| | al padre que os me encargó? |
| | |
| Don Juan | Hermana, ten más sentido. |
| | |
| Doña Juana | Siempre hay llanto donde hay muerte. |
| | |
| Don Juan | Que llegan ya cerca, advierte, |
| | nuestra hermana y tu marido. |
| | |
| Doña Juana | Mirad, niño, el caso atroz; |
| | recibid mi nuevo aliento, |
| | porque en este sentimiento |
| | me consuele vuestra voz. |
| | Ángel que estáis en el cielo, |
| | de guarda podéis ya ser; |
| | ea, venidme a valer, |
| | que es mucho mi desconsuelo. |
| | Aunque haga su justo oficio |
| | el Ángel bueno de Dios, |
| | pienso que he menester dos |
| | que me guarden el juicio. |
| | |
| Don Juan | Ya tu llanto es infinito, |

aunque la causa le abona.

Doña Juana

Lloraré como leona
por ver si le resucito.
　Niño, consuelo, regalo,
vida, ángel o león,
doleos de mi pasión;
respondedme, don Gonzalo.
　Mis lágrimas remediad;
que los ángeles cual vos,
por solo imitar a Dios,
suelen tener caridad.
　Tenedla conmigo aquí.
pues afligida me halláis,
y pues ya con Dios priváis,
pedidle algo para mí.
　Don Gonzalo, consoladme;
mas ¡ay de mí! que recelo
que por no dejar el cielo
dejaréis de consolarme.

Don Juan

　El niño me he de llevar
antes que pase adelante.

Doña Juana

Sangre lloró mi diamante;
bien os podéis ablandar.

Don Juan

　Mi traza este medio ordena.

Doña Juana

¡Traidor!

Don Juan

　　Perdonad, señora;
que la causa quito ahora
por ver si quito la pena.

(Lleva don Juan el niño.)

Doña Juana             Déjame el hijo, traidor;
déjame con mis cuidados;
que te comeré a bocados
cual la tigre al cazador.
     Oye, aguarda, mira, espera;
vuelve. dame el niño, acaba,
que muerto me consolaba;
mira vivo lo que hiciera.

(Salen Valle, Teresa y Petrona.)

Valle                  Ya, señora, en Alba estáis,
y en mi casa hoy hospedada.

Teresa                 Por cierto, mucho me agrada
esta villa.

Valle                         Vos la honráis.

Doña Juana          Con mi cordero se aleja;
vuelve a mis manos el robo;
mas ¡ay! que no siente el lobo
los balidos de la oveja.

Teresa                 ¡Hermana!

Valle                        ¡Bien de mi vida!
¿Qué voces, decid, son éstas?

Doña Juana          Las mesas tengo ya puestas,
y la cena prevenida.

Quería disimular,
pero no puedo ni acierto.

Teresa

Sin duda Gonzalo es muerto,
mas Dios lo ha de remediar.

Valle

¿Qué llanto es éste, señora?
No sé, a fe, qué me decir,
sino que en vernos venir
lloráis de contento ahora.

Doña Juana

Río, viéndoos, de placer,
pero vuélvome a mirar
y luego vuelvo a llorar;
ved cuál me debo de ver.

Valle

Guardad esas perlas bellas,
no las vertáis en el suelo;
mirad que, sentido el cielo,
os pondrá pleito por ellas.
Cuando, según buena cuenta,
salgo de un golpe de enojos,
en la luz de vuestros ojos
hallo mayor la tormenta.
Mas ¿cómo ha puesto en olvido
el norte de mi regalo?
¿Dónde está mi don Gonzalo?
¿Cómo no me ha recibido?

Doña Juana

¡Vuestro hijo!...

Valle

¿Qué ha pasado?

Doña Juana

No preguntéis más, señor.

| | |
|---|---|
| Valle | Ya me dice mi dolor |
| | que el cielo me le ha quitado. |
| | Ya sé que el niño murió; |
| | que en esta respuesta incierta |
| | vive la sospecha cierta |
| | que el alma me adivinó. |

(Sale Lebrija.)

| | |
|---|---|
| Lebrija | Tres horas debe de haber |
| | que expiró el ángel hermoso. |
| | |
| Valle | Trago me dais muy penoso, |
| | pero al fin se ha de beber. |
| | ¿Dónde el niño me tenéis? |
| | |
| Doña Juana | Señor, pedídselo a Dios. |
| | |
| Valle | Madre, pedídselo vos, |
| | pues tanto con Él podéis. |
| | |
| Teresa | Algún desmayo será; |
| | trae el niño con cuidado. |
| | |
| Lebrija | Yo traeré su cuerpo helado; |
| | que el alma en el cielo está. |
| | |
| Doña Juana | Hoy su muerte el cielo ordena, |
| | aunque el seso pierda aquí; |
| | estoy quejosa de mí |
| | porque no he muerto de pena. |
| | |
| Teresa | Digo que el niño no es muerto. |

| | |
|---|---|
| Doña Juana | En mis brazos expiró. |
| Teresa | Creed lo que os digo yo. |
| Doña Juana | Lo que vi tengo por cierto. |
| Teresa | Pues aunque visto le habéis,<br>lo que yo os digo creed;<br>buena esperanza tened;<br>fiad en Dios, no lloréis. |

(Sacan el niño Lebrija y don Juan.)

| | |
|---|---|
| Don Juan | Este es el ángel del cielo. |
| Teresa | ¡Don Juan! |
| Don Juan | Hermana, tomad. |
| Valle | Por su vida a Dios rogad. |
| Lebrija | Muerto está como mi abuelo. |
| Teresa | Viva este niño, mi Dios;<br>mi fe vuestro pecho abra;<br>ved que he dado mi palabra<br>para que la cumpláis vos.<br>Cumplid, aunque es fuerte cosa,<br>esta palabra que he dado;<br>que el esposo está obligado<br>a cumplir la de la esposa.<br>¿No me habláis, niño querido? |

| | |
|---|---|
| Niño | ¡Madre, tía! Sí hablaré. |
| Teresa | ¿Veis como desmayo fue? |
| Valle | Bien se ha visto lo que ha sido. |
| Doña Juana | ¡Mi niño, mi bien, mi estrella! |
| Valle | ¡Regalo del alma mía! |
| Niño | Dejadme hablar a mi tía;<br>que tengo una queja de ella:<br>muy quejoso estoy de vos. |
| Teresa | ¿Por qué? |
| Niño | Porque vuestro celo<br>me quitó el subir al cielo,<br>donde gozara de Dios.<br>¿Tengo razón? |
| Teresa | Sí tenéis;<br>mas fundéme en caridad. |
| Niño | El bien que perdí notad,<br>pues en Dios visto le habéis. |
| Valle | Los ángeles de gran celo,<br>almas suelen dar a Dios,<br>y obligáisle, madre, vos<br>con sacárselos del cielo.<br>Nuevo modo de obligar. |
| Teresa | Las gracias a Dios se den. |

**120**

| | |
|---|---|
| Valle | Pues hoy por vos me hace bien, |
| | también os las quiero dar. |
| |    Vuestra pena es bien se ataje, |
| | pues hoy nuestra madre amada, |
| | antes de ser hospedada, |
| | tan bien paga el hospedaje. |
| | |
| Doña Juana |    Mi hermana, mucho os cansamos |
| | y es razón que os regalemos; |
| | venid, en mi cuarto entremos, |
| | descansaréis. |
| | |
| Valle |                Madre, vamos. |
| | |
| Teresa |    Eso no he de consentir. |
| | |
| Valle | Aquí os tengo de hospedar. |
| | |
| Teresa | No me lo habéis de mandar; |
| | que en mi casa he de dormir. |
| |    Vengo mala, y no querría |
| | curarme fuera de casa. |
| | |
| Doña Juana | El corazón me traspasa. |
| | |
| Valle | Quedaos por hoy, madre mía. |
| |    Mirad... |
| | |
| Teresa |              Dadme este contento. |
| | |
| Valle | Por dárosle, mucho haré. |
| | |
| Teresa | Este, señor, se me dé; |

que me importa ir al convento.

Valle          Yo, madre, quiero ir con vos.

Teresa          Adiós, hermana.

Doña Juana          Adiós, madre.

Valle          Adiós, Gonzalo.

Niño          Adiós, padre.

Doña Juana          Adiós, mi bien.

Valle          Vida, adiós.

Doña Juana          Para algún viaje largo
parece que os despedís.

Valle          Si lo que os quiero advertís,
no me echaréis este cargo.
Luego vuelvo.

Doña Juana          Aquí os espero;
no se ahogue mi regocijo.

Niño          ¿No me habla, madre?

(Vanse Teresa y Valle.)

Doña Juana          ¡Hijo!,
daros cien mil besos quiero.
Cual hijo y cual ángel,
ya sois todo de mi consuelo.

| | |
|---|---|
| Niño | Ya me hallaba yo en el cielo mucho mejor que no acá.<br>    ¡Qué bien me pudiera holgar! |
| Doña Juana | Y ¿sin mí? |
| Niño | Madre, sin vos;<br>que en llegando a ver a Dios,<br>ya no hay más que desear. |

(Sale Petrona, de camino.)

| | |
|---|---|
| Petrona | ¿Dónde nuestra madre está? |
| Doña Juana | En su casa. |
| Petrona | ¡Oh, mi señora! |
| Doña Juana | Seas venida en buen hora. |
| Petrona | Para servirte será. |
| Doña Juana | ¿Vienes cansada? |
| Petrona | ¿De qué? |
| Doña Juana | ¿Cuatro, leguas no has andado? |
| Petrona | Como ésas he caminado. |
| Doña Juana | ¿A pie, hermana? |
| Petrona | Hermana, a pie. |

Nadie a mi paso llegó.

Doña Juana              Digo que eres gran mujer.

Petrona                 Una mula de alquiler
no camina como yo.
    Si lo que ando se regula,
en más de cuatro ciudades,
con una o dos falsedades,
pasara plaza de mula.

Doña Juana              Buen modo de entretener.

Petrona                 En todo he dicho verdad.

Doña Juana              Mulas hay sin falsedad.

Petrona                 Pues de ésas debo de ser.
    Cuando un camino importaba.
negociábalo volando,
y nuestra madre, burlando,
tragaleguas me llamaba.

Doña Juana              Sería, en mil ocasiones,
de importancia tu persona.

Petrona                 Yo fui posta y postillona
de todas las fundaciones.
    Mil tierras hemos andado,
con aguas, nieve y vientos,
y diez y siete conventos,
hasta hoy, hemos fundado.
    Sabe Dios, que es nuestro Padre,
cuántos pasos me costaron

las casas que se fundaron
por orden de nuestra madre.
   Siete leguas sobre seis
de Sol a Sol caminaba,
y si a veces me picaba,
pasaba de diez y seis.
   Pasa de cosa ordinaria
lo que anduve, no te asombre,
que en Sevilla, por mal nombre,
soy la hermana Dromedaria.
   Este nombre me llamaban,
cuando en la calle me vían
los niños, que me seguían
y la cinta me besaban.

| | |
|---|---|
| Doña Juana | Mucho me alegras. |

| | |
|---|---|
| Petrona |                  Señora, |

tienen grande devoción
con la nueva religión
y con su gran fundadora.
   Por verla, vi algunos días
media ciudad convocada,
y después que entró en Granada,
la llaman hija de Elías.
   El nombre le viene a pelo,
pues que tiene edificado
el edificio asolado,
que es cimiento en el Carmelo.

(Salen Valle, don Juan y Lebrija.)

| | |
|---|---|
| Valle | Ya vuestra hermana, señora, |

queda en su casa.

| | |
|---|---|
| Doña Juana | ¡Oh, mi bien! |
| Petrona | Señora, quiero también<br>irme a mi convento. |
| Doña Juana | Ahora<br>conmigo te has de quedar;<br>mira que estará cerrado. |
| Petrona | El discreto convidado<br>no se ha de hacer de rogar.<br>Digo que yo soy quedada. |
| Valle | Del nuevo gusto gocemos,<br>aunque aguado le tenemos,<br>pues falta mi madre amada. |
| Doña Juana | Venid, señor. |
| Valle | Vida, Vamos. |

(Vanse; quedan Lebrija y Petrona.)

| | |
|---|---|
| Lebrija | ¡Petronilla! |
| Petrona | Poco a poco:<br>¿Petronilla? Viejo loco,<br>por cierto, de gracia estamos.<br>Ya el hábito, con la edad,<br>pide que habléis con decencia:<br>escuche Su Reverencia,<br>oiga Su Maternidad.<br>Paternidad por el padre, |

al fraile el cielo llamó,
y a las monjas como yo.
Maternidad por la madre.
   Sabed que soy...

Lebrija
                    Ya es notorio:
figura de la piscina,
vicaria de la cocina,
y escoba del refitorio.

Petrona
   Aquí, para entre los dos,
afrénteme el don mastín,
y cuanto hablé el viejo ruin,
sea por amor de Dios.

Lebrija
   Ya vences al pasatiempo,
Urganda de la Escritura.

Petrona
Vamos, mi señor, figura
de las que descarta el tiempo.

(Vanse; sale Teresa con una cruz a cuestas.)

Teresa
   La clara y blanca Luna se oscurece,
el Sol se eclipsa y pierde su luz pura,
la dura piedra se abre, que, aunque dura,
viendo morir a Cristo se enternece,
   el proceloso mar se altera y crece,
los vientos braman por la niebla oscura,
y el mismo cielo muestra ser criatura,
sintiendo el mal que su Criador padece.
   Luna, Sol, tierra, mar, vientos y cielo,
viendo cercado a Dios de inmensas penas,
lloran y sienten lo que yo he pecado:

yo me alegro llorando, y me consuelo
viendo que es mar la sangre de sus venas,
y mar donde se anega mi pecado.
    ¿Cómo, Dios, no he de seguiros
y en algún paso imitaros?
¿Cómo no han de conquistaros
los rayos de mis suspiros?
    Por imitaros en algo,
aunque sin fuerzas me siento,
por el claustro del convento
con la cruz a cuestas salgo.
    No hay peligro que me aflija
con este arrimo, este mármol,
que quien se arrima a buen árbol,
buena sombra le cobija.

(Arrodíllase.)        Jesús, cargada me veo;
pero con la cruz, mi Dios,
no sé qué fuera de vos,
si tardara el Cirineo.
    Yo le había menester,
que enferma y cansada estoy.

(Sale el Amor Divino con una corona de espinas en las manos.)

Amor        Yo tu Cirineo soy;
ánimo, buena mujer.

Teresa        ¿Buena yo?

Amor        Buena te llamo.

Teresa        ¿Sabéislo vos?

Amor        Sí lo sé,

pues desde el cielo bajé
a la voz de tu reclamo.

Teresa                          Ya os conozco, sacro halcón,
Divino Amor disfrazado,
que del cielo os he bajado
con cebo del corazón.
     Ya he visto en mil ocasiones.
mi divino Esposo justo,
que sois halcón en el gusto,
pues gustáis de corazones.

Amor                          Buena ayuda tienes ya.

Teresa                          Qué, ¿os veo?

Amor                                     Sí que me ves:
¿qué más pudo ver Moisés
en la cumbre de Siná?
     Déjame la cruz a mí,
pues de quien soy te doy luz.

Teresa                          Tendré celos de la cruz
si la queréis más que a mí.
     Ya justamente recelo
que la cruz, y no mi amor,
de vuestro nuevo fervor
os bajó del cielo el suelo:
     toda no me la quitéis;
que si mi amor estimáis,
de aquello que más amáis,
es bien que parte me deis.

Amor                          Esta es mi prenda querida.

| | |
|---|---|
| Teresa | No me dejéis tan quejosa, |
| | que entre el esposo y la esposa |
| | no ha de haber cosa partida. |
| | Mas ya dejo esta querella; |
| | hoy mi fe quiero mostraros, |
| | y toda la cruz dejaros, |
| | aunque me dejéis por ella. |
| | Llegad, divino Juez, |
| | pues su amor tanto os obliga; |
| | llegad presto, no se diga |
| | que la teméis otra vez. |
| | Gran Señor, cuasi me espanto |
| | que la cruz améis hermosa |
| | porque no os fue tan gustosa |
| | para que la queráis tanto. |
| | No sé qué decir, Señor, |
| | de afición tan sin compás, |
| | sino que se quieren más |
| | los hijos de más dolor. |
| | Si es esto, razón tenéis, |
| | que la cruz mucho os costó; |
| | mas con todo, siento yo |
| | que por ella me dejéis. |
| | |
| Amor | Pídeme celos, mi esposa, |
| | dárete cien mil consuelos; |
| | que son todos estos celos |
| | rayos de tu fe amorosa. |
| | |
| Teresa | Señor, diéronme osadía |
| | las alas de mi afición. |
| | |
| Amor | Los primeros celos son, |

que huelen a cortesía.
La cruz llevemos los dos.

Teresa      No pide más el deseo,
pues me ayuda un Cirineo
mucho mejor que el de Dios.
Mas ¿dónde voy? Reparad
lo que advertí en este instante;
pasad, mi Amor, adelante;
vuestro lugar ocupad.

Amor      Bien vamos.

Teresa      No he de sufrir,
aunque vuestra fe me abona,
que vos lleváis la corona
y delante habéis de ir.

Amor      Pues ya mi lugar te he dado,
mi corona te he de dar.

Teresa      ¡Qué merced tan sin igual!
¡Qué premio tan señalado!

Amor      Espinas tiene.

Teresa      Hoy, en mí,
no son sino clavellinas.

Amor      Las que en mí fueron espinas,
se vuelven rosas en ti.

Teresa      Segunda vez vuelvo a vellas,
y como, son tan hermosas,

pienso, mi Amor, que las rosas
se me han de volver estrellas.

Amor

Estrellas se han de volver,
Esposa, dentro en dos días,
que en mis altas jerarquías,
te las volveré a poner.

Teresa

Vuestra voluntad se haga;
que yo humilde sierva soy.

Amor

Estas flores que te doy
serán principio de paga.

Teresa

Aunque el demonio es sutil,
temerá en esta ocasión,
viendo que mis flores son
pimpollos de vuestro abril.
Con todo, mi Amor, guardaldas.

Amor

Esposa, no tengas miedo,
camina, que atrás me quedo
por guardarte las espaldas.

(Vanse con la cruz a cuestas; salen fray Mariano y fray Diego, carmelitas.)

Mariano

Ya, fray Diego, en Alba estamos,
donde hoy descansar podremos
y a nuestra madre veremos,
que es lo que más deseamos.

Don Diego

Tráigola en el corazón.

Mariano

Por cierto, razón tenéis.

| | |
|---|---|
| Don Diego | Pues, mi Padre, aún no sabéis<br>la causa de esta afición. |
| Mariano | Que es, bien fundada os concedo. |
| Don Diego | Sacóme de un ciego abismo<br>y libróme de mí mismo,<br>que es lo que más decir puedo. |
| Mariano | Mala me escribió que estaba;<br>que luego a verla viniese,<br>y que conmigo os trajese<br>porque veros deseaba. |
| Don Diego | ¿Es de cuidado su mal? |
| Mariano | Pienso que es de muerte. |
| Don Diego | ¡Ay, padre!<br>¿Tan mala está nuestra madre?<br>No permita el cielo tal. |
| Mariano | Si llegó ya su ocasión,<br>nacida es y ha de morir. |
| Don Diego | Solo en oírlo decir<br>se me turba el corazón. |

(Sale Petrona llorando.)

| | |
|---|---|
| Mariano | Hermana Petrona, ¿es esta<br>hermana? |

| | |
|---|---|
| Petrona | Déjenme ahora; |
| | que está nuestra fundadora |
| | en las manos de Dios puesta. |
| | |
| Mariano | ¿Tan mala está? |
| | |
| Petrona | ¡Padre mío, |
| | dicen que se está muriendo! |
| | |
| Don Diego | Yo, para mí, así lo entiendo; |
| | pero, mi Cristo, en vos fío. |
| | |
| Mariano | ¿Dónde vas? |
| | |
| Petrona | Voyme a cansar, |
| | pero mensajera soy; |
| | médicos a llamar voy |
| | que la acaben de matar. |
| | |
| Mariano | Espera, venos guiando |
| | a su celda. |
| | |
| Don Diego | Bien será. |
| | |
| Petrona | Levantando, el pecho está, |
| | con la muerte peleando. |

(Salen Valle, don Juan y doña Juana.)

| | |
|---|---|
| Valle | Llegad, señora, y veremos |
| | a nuestra madre. |
| | |
| Don Juan | Llegad; |
| | abra Su Paternidad, |

las puertas romperemos.

Don Diego               Que no es entrar en convento
a seglares permitido.

Mariano               Mucho desorden ha sido.

Valle                  Sí fue, pero buen intento.

Doña Juana            Esto es justo que miréis.

Mariano               Así lo entiendo, y pues puedo,
hoy os permito y concedo
que a ver nuestra madre, entréis.

Petrona               Llegad, si la queréis ver.

(Corren la cortina; está Teresa en una cama con un Cristo, y algunas monjas alrededor.)

Don Diego               ¡Prima!

Don Juan                ¡Hermana!

Mariano                   ¡Fundadora!

Teresa                Ya, padre, llegó mi hora;
fin que forzoso ha de ser;
  a todos pido perdón;
¿dáismele?

Mariano                  Madre, sí damos,
y todos juntos rogamos
que nos deis la bendición.

| | |
|---|---|
| Teresa | La de Dios con todos sea,<br>y en este punto conmigo,<br>mi Cristo, mirad que os sigo;<br>hoy vuestra piedad se vea. |

(Cantan dentro música. Música.)

Pues se humilla el corazón,
suba a los cielos y exáltele Dios.

| | |
|---|---|
| Teresa | Sírvame de escudo santo<br>vuestro pecho diamantino,<br>pues, sois, Señor, uno y trino<br>con el Espíritu Santo. |
| Mariano | Confesó la eternidad,<br>y el alma a su Dios ha dado. |
| Valle | Arrimada se ha quedado<br>al árbol de la verdad. |
| Mariano | Murió nuestra madre amada,<br>la virgen santa expiró;<br>una paloma salió<br>con la primer boqueada.<br>El alma se va sellando<br>con el gran dueño que ha visto,<br>y con el esposo Cristo<br>a su esfera va volando. |
| Música | Romped el aire gozosa,<br>mi blanca paloma hermosa. |

| | |
|---|---|
| Mariano | ¿Veis algo? |
| Valle | Yo sí. |
| Don Diego | Yo no. |
| Mariano | Solo Dios ha permitido<br>que el milagro sucedido<br>lo viésemos vos y yo. |
| Don Diego | ¡Jesús, qué olor tan suave!<br>¿Sentísle? |
| Mariano | Y ¡cómo que siento! |
| Valle | Parece que va en aumento. |
| Doña Juana | Este olor al cielo sabe. |
| Petrona | El sentido del oler<br>me falta. |
| Valle | Del cuerpo sale. |
| Doña Juana | No hay ámbar que se le iguale. |
| Mariano | Ya es ángel, si fue mujer. |
| Petrona | Que todos gocen de vos<br>este olor que les consuela,<br>y que yo, madre, no huela,<br>lo que siento sabe Dios.<br>¡Milagro, milagro, padre! |

| | |
|---|---|
| Mariano | ¿Qué hay, hermana? |
| Petrona | Que ya huelo<br>este olor que sabe a cielo. |
| Mariano | Gracias a Dios y a la madre. |
| Petrona | Ella me abrió este sentido,<br>que hasta aquí tuve cerrado.<br>Dan golpes dentro. |
| Valle | Del pueblo, ya convocado,<br>suena confuso ruido. |

(Otra vez golpes y grita.)

¿Quién nos viene a inquietar?

(Dentro.)

La santa madre buscamos.

| | |
|---|---|
| Valle | Si al pueblo no la enseñamos,<br>las puertas han de quebrar.<br>El cuerpo luego, a la hora,<br>al de la iglesia saquemos,<br>y fin a la historia demos<br>de nuestra gran fundadora. |

Fin de la comedia

**Libros a la carta**

A la carta es un servicio especializado para
empresas,
librerías,
bibliotecas,
editoriales
y centros de enseñanza;
y permite confeccionar libros que, por su formato y concepción, sirven a los propósitos más específicos de estas instituciones.

Las empresas nos encargan ediciones personalizadas para marketing editorial o para regalos institucionales. Y los interesados solicitan, a título personal, ediciones antiguas, o no disponibles en el mercado; y las acompañan con notas y comentarios críticos.

Las ediciones tienen como apoyo un libro de estilo con todo tipo de referencias sobre los criterios de tratamiento tipográfico aplicados a nuestros libros que puede ser consultado en Linkgua-ediciones.com.

Linkgua edita por encargo diferentes versiones de una misma obra con distintos tratamientos ortotipográficos (actualizaciones de carácter divulgativo de un clásico, o versiones estrictamente fieles a la edición original de referencia).

Este servicio de ediciones a la carta le permitirá, si usted se dedica a la enseñanza, tener una forma de hacer pública su interpretación de un texto y, sobre una versión digitalizada «base», usted podrá introducir interpretaciones del texto fuente. Es un tópico que los profesores denuncien en clase los desmanes de una edición, o vayan comentando errores de interpretación de un texto y esta es una solución útil a esa necesidad del mundo académico.

Asimismo publicamos de manera sistemática, en un mismo catálogo, tesis doctorales y actas de congresos académicos, que son distribuidas a través de nuestra Web.

El servicio de «libros a la carta» funciona de dos formas.

1. Tenemos un fondo de libros digitalizados que usted puede personalizar en tiradas de al menos cinco ejemplares. Estas personalizaciones pueden ser de todo tipo: añadir notas de clase para uso de un grupo de estudiantes, introducir logos corporativos para uso con fines de marketing empresarial, etc. etc.

2. Buscamos libros descatalogados de otras editoriales y los reeditamos en tiradas cortas a petición de un cliente.